LINEA DI CONFINE
PER LA FOTOGRAFIA CONTEMPORANEA

WALTER NIEDERMAYR
MOSE

KOENIG BOOKS, LONDON

estetica politica del paesaggio active and decisive factors from three-dimensionality to two-dimensionality adempimento di compiti e obiettivi

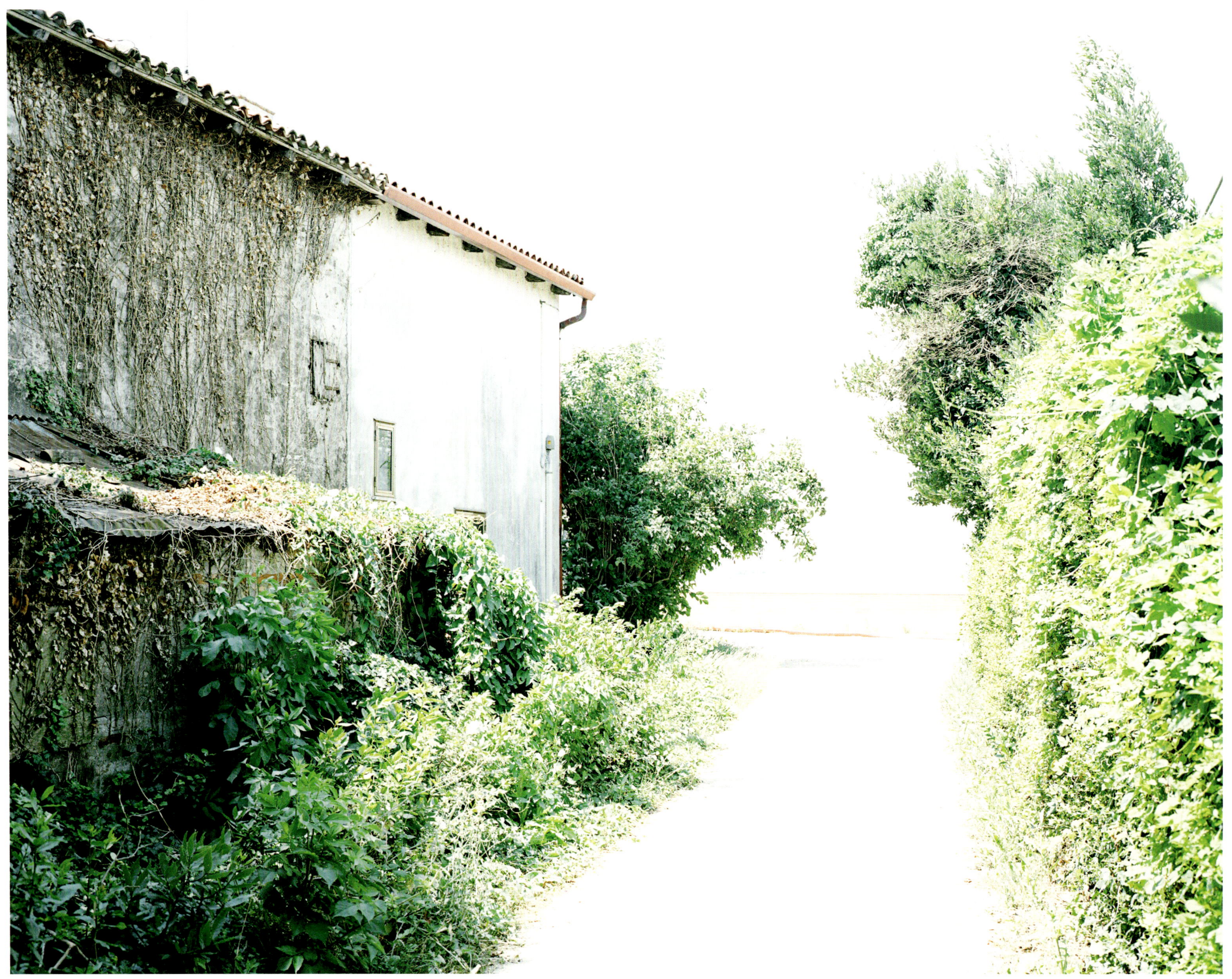

impegno per una rappresentazione reale

analyzed more broadly

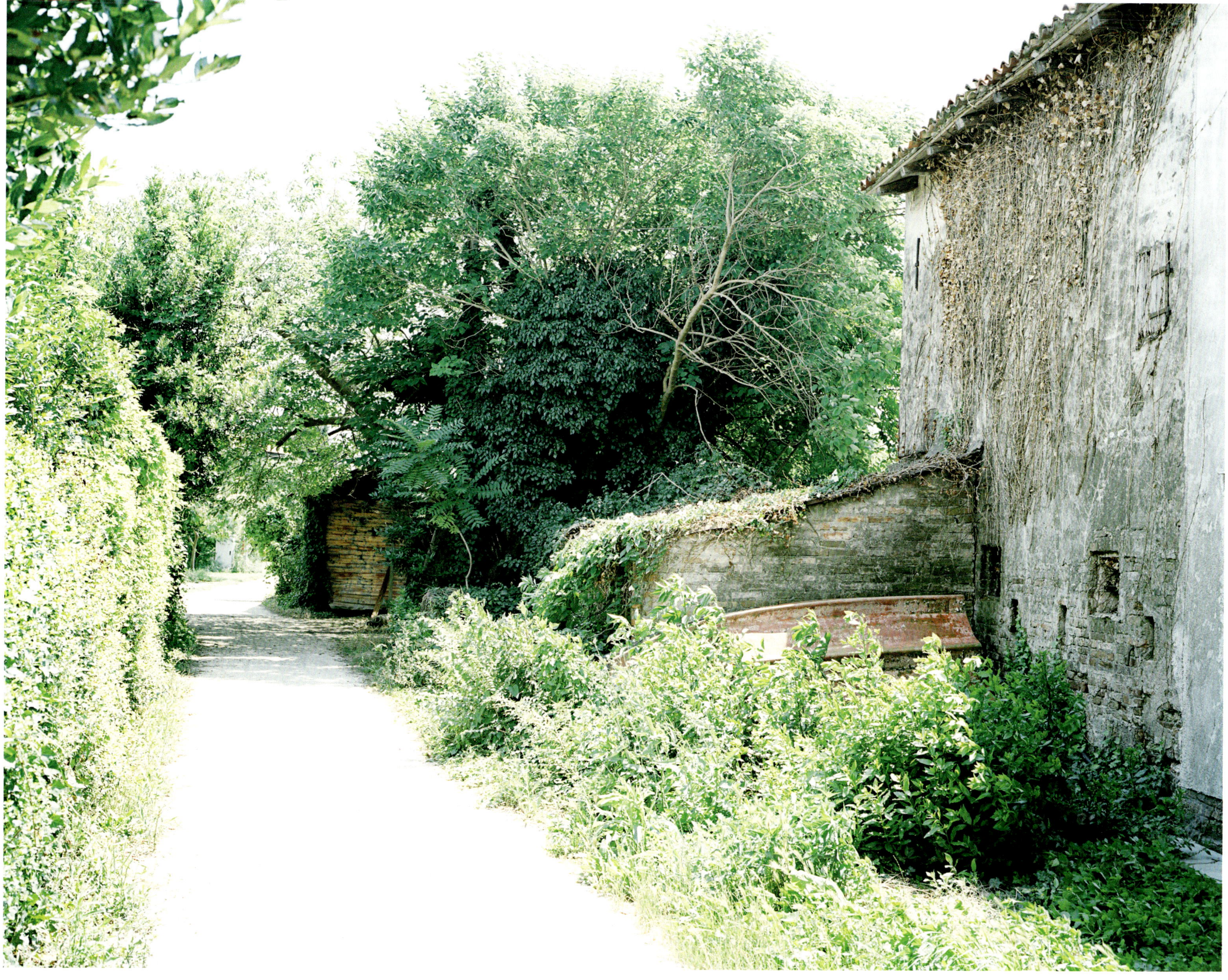

aperto e costruttivo

diventato un fattore significativo

need to step across boundaries

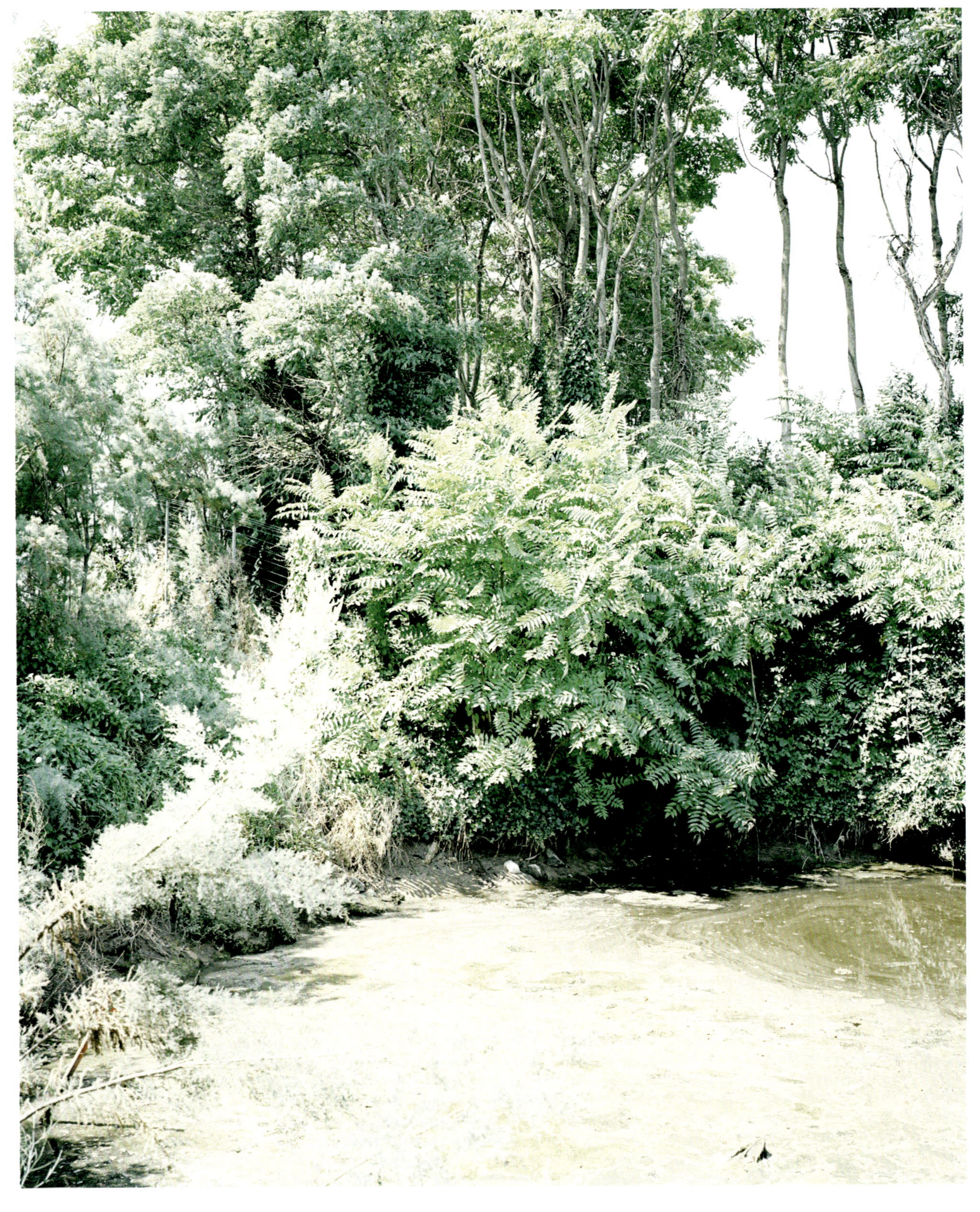

space-time shifts   scambio di opinioni   commitment to genuine representation   i preparativi si svolgono secondo il piano prestabilito

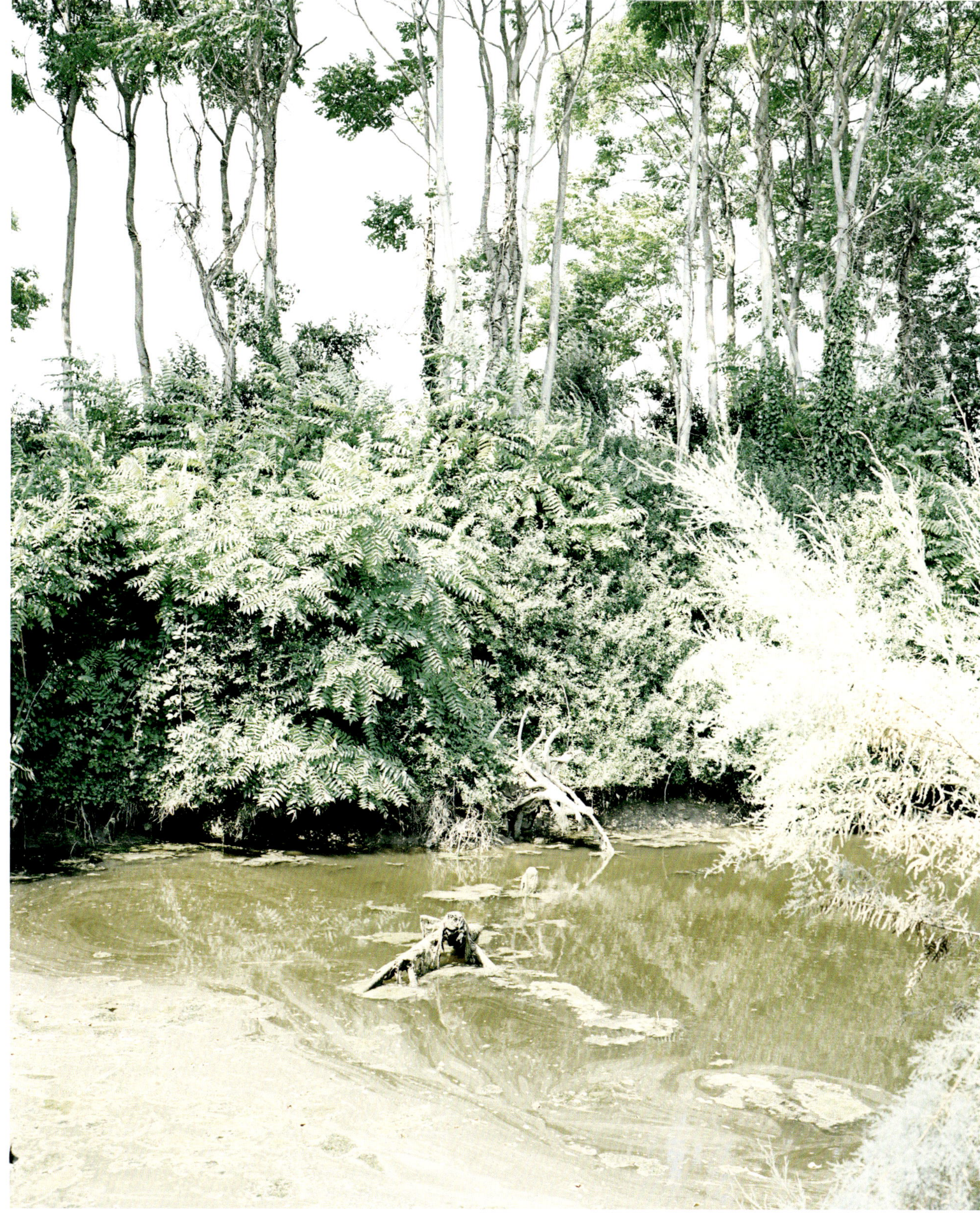

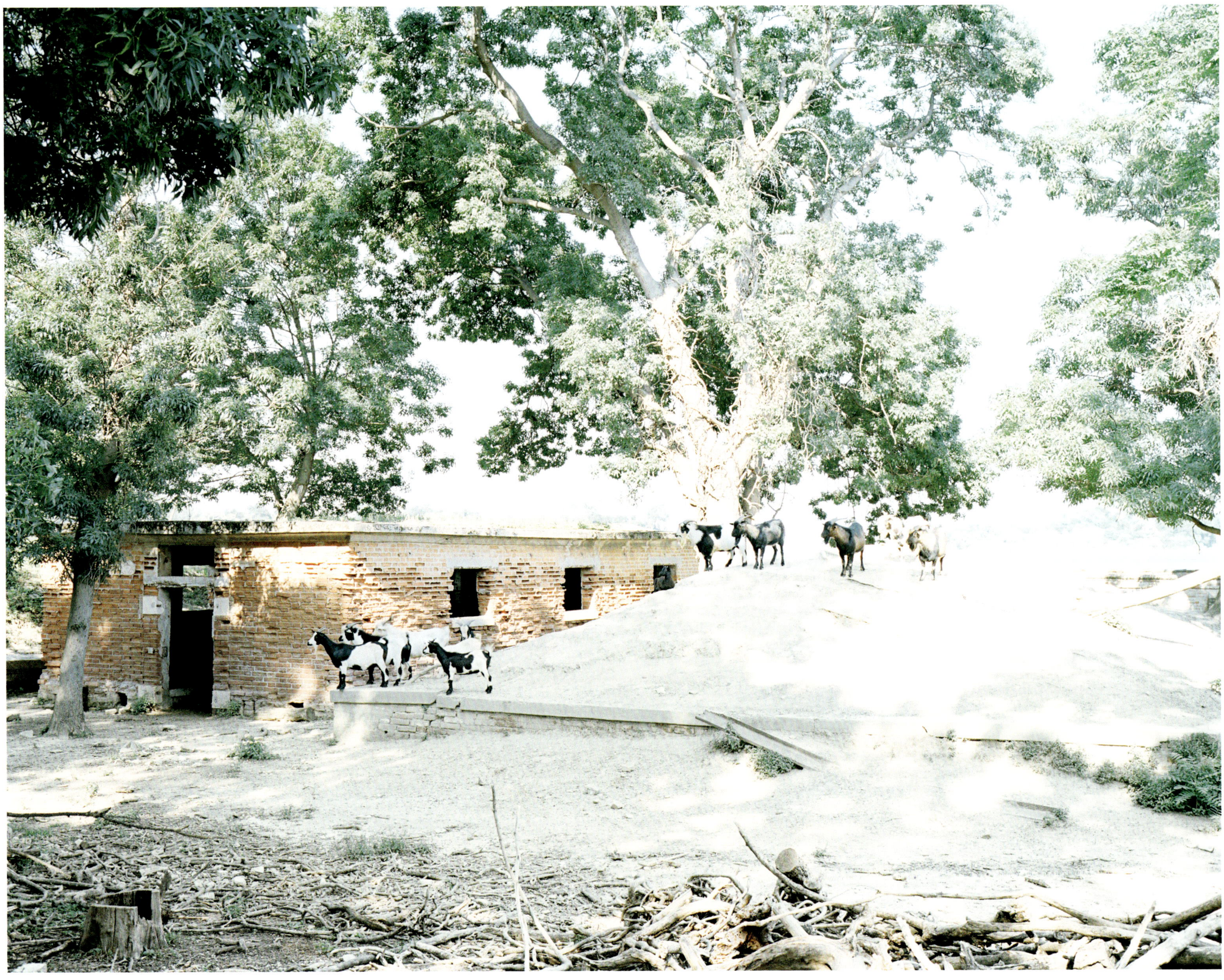

la considerazione delle argomentazioni　　　has become a significant factor　　spazi per l'immaginazione　　　mercantile society

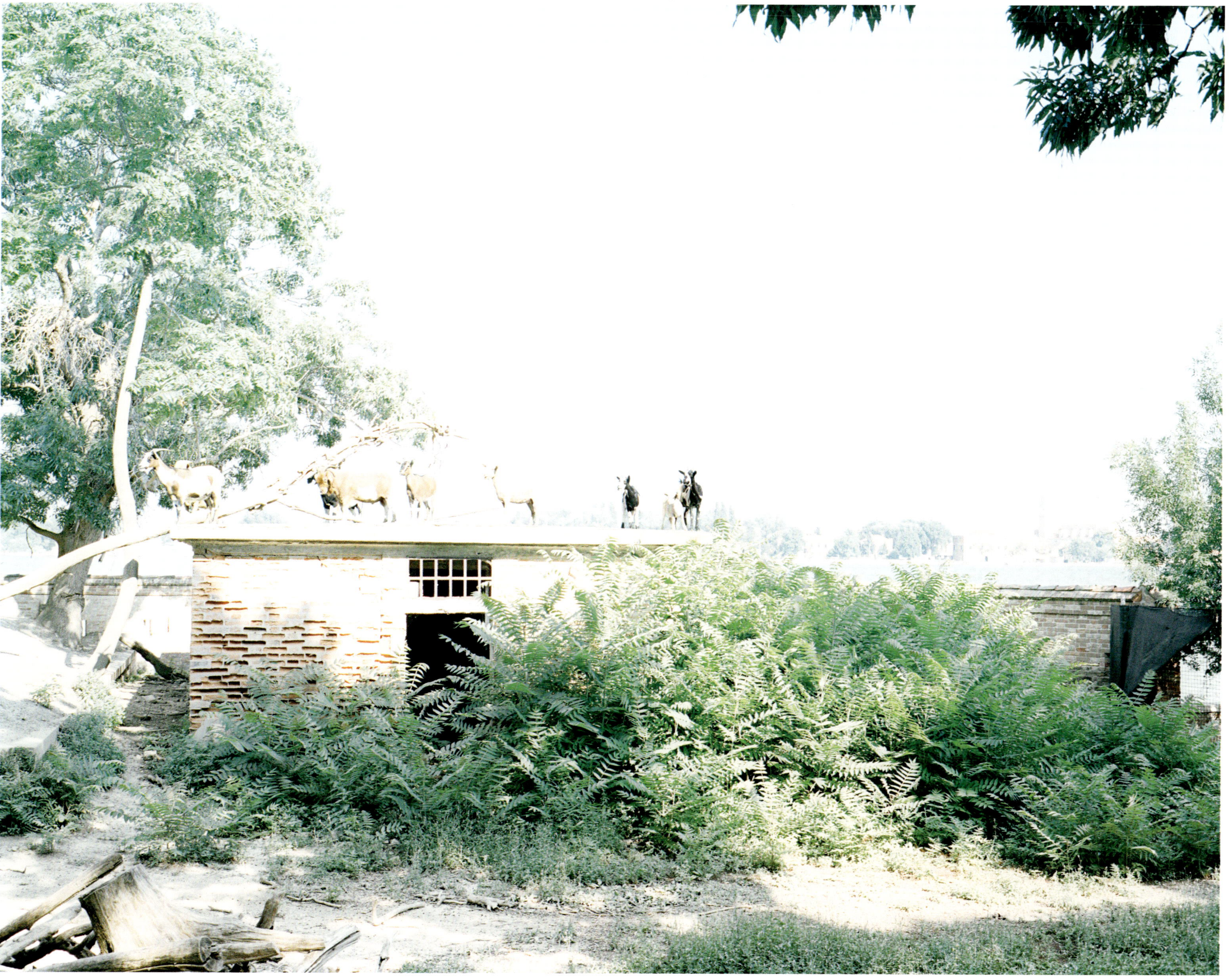

le proposte hanno trovato sostegno   distinction between natural and artificial space   consideration of the arguments

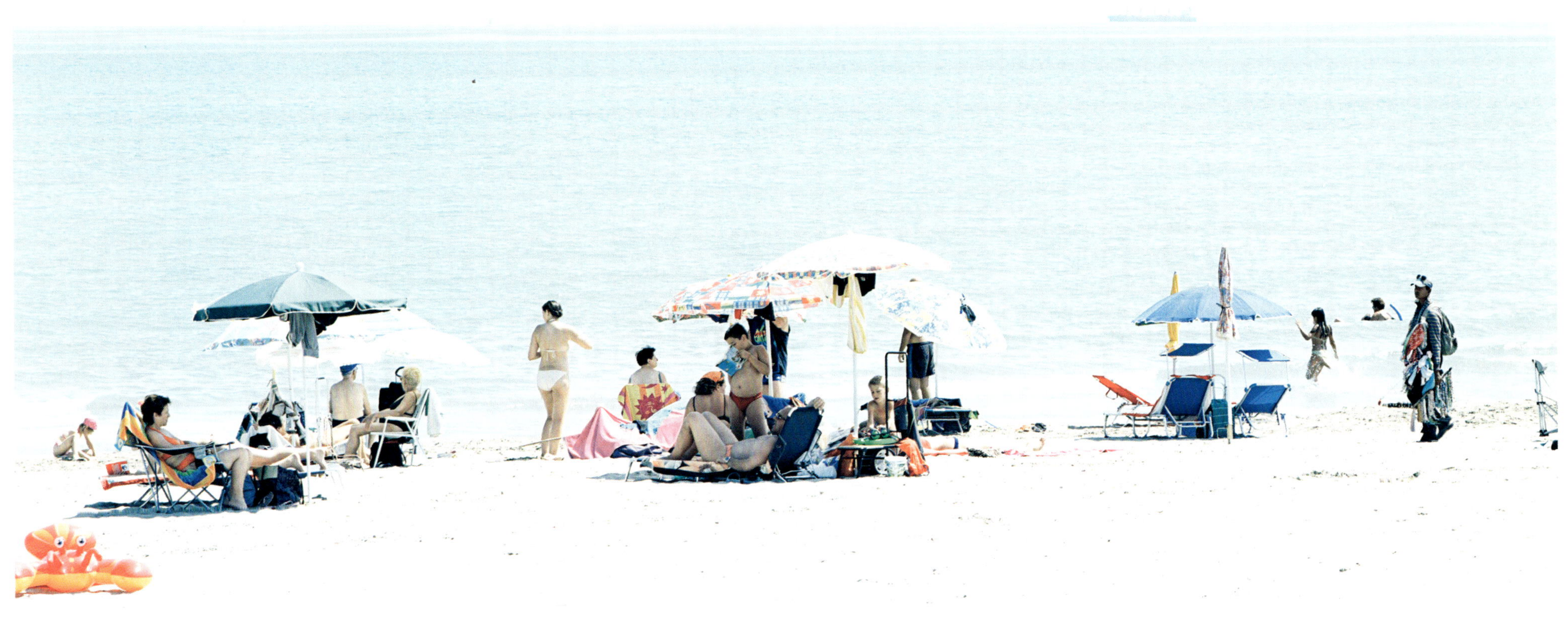

denominare il visibile e trasformarlo   le immagini diventano autonome

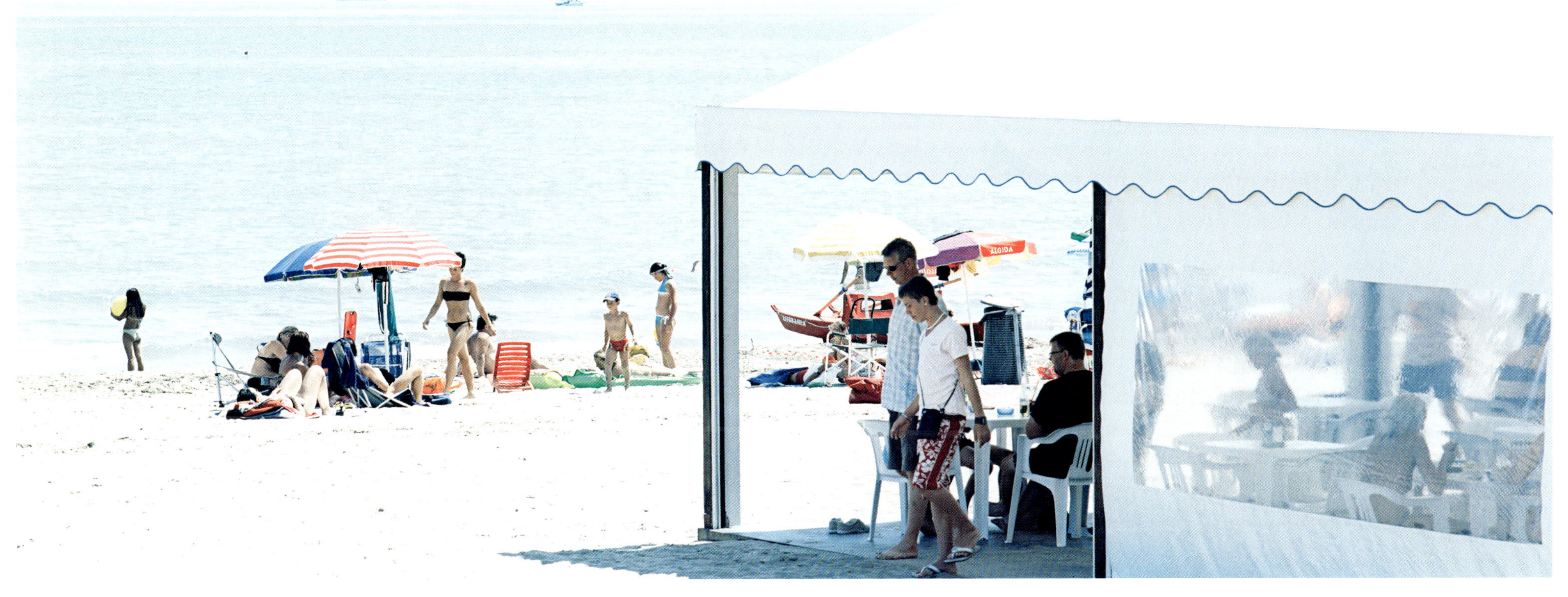

valutato nel complesso

the proposals have gained support

rapporto con natura e naturalezza

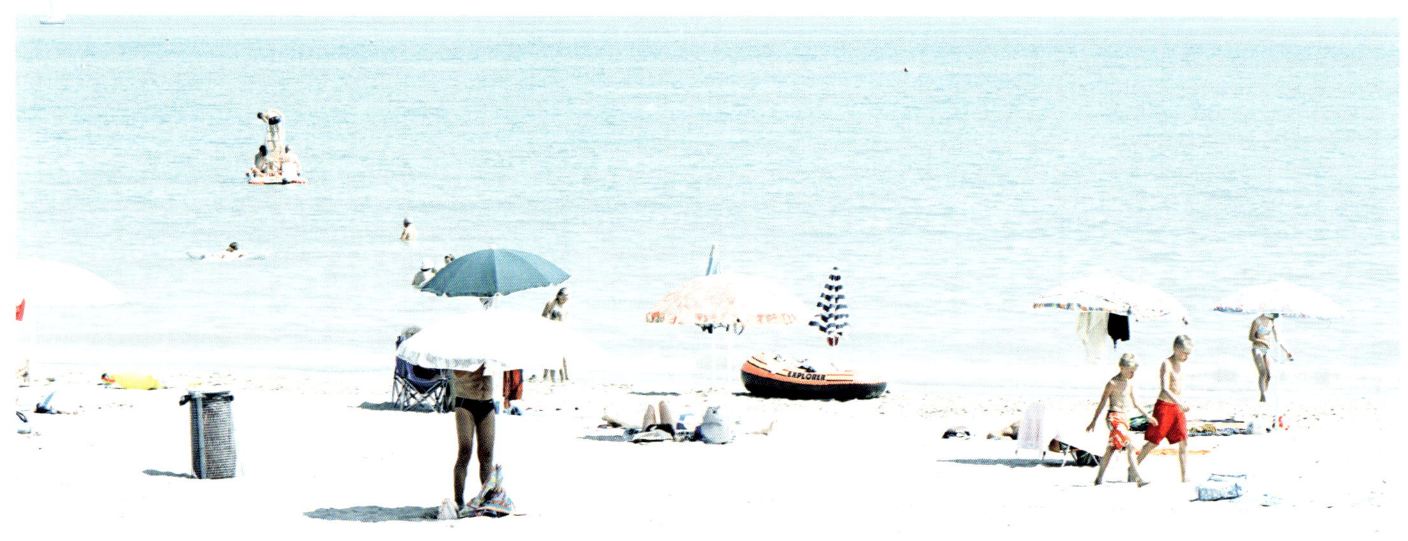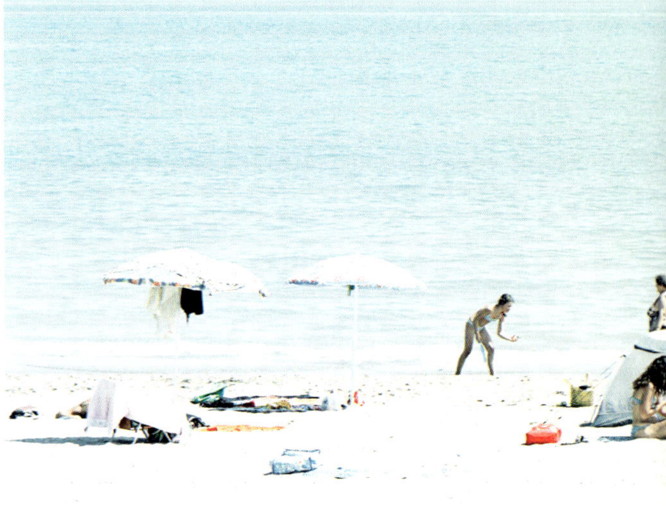

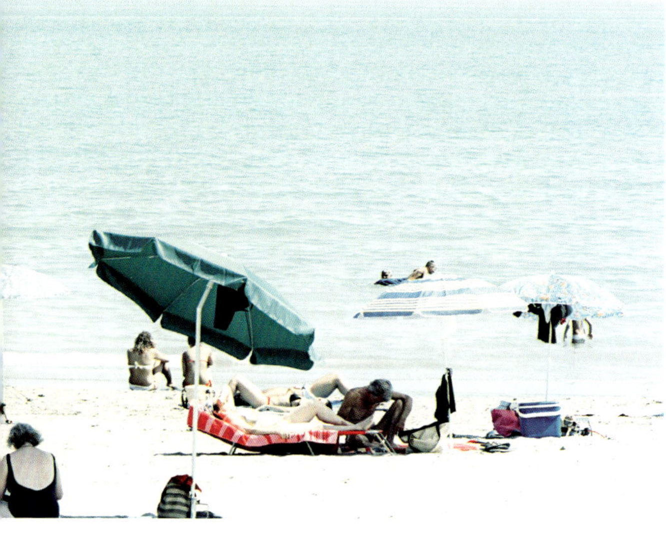

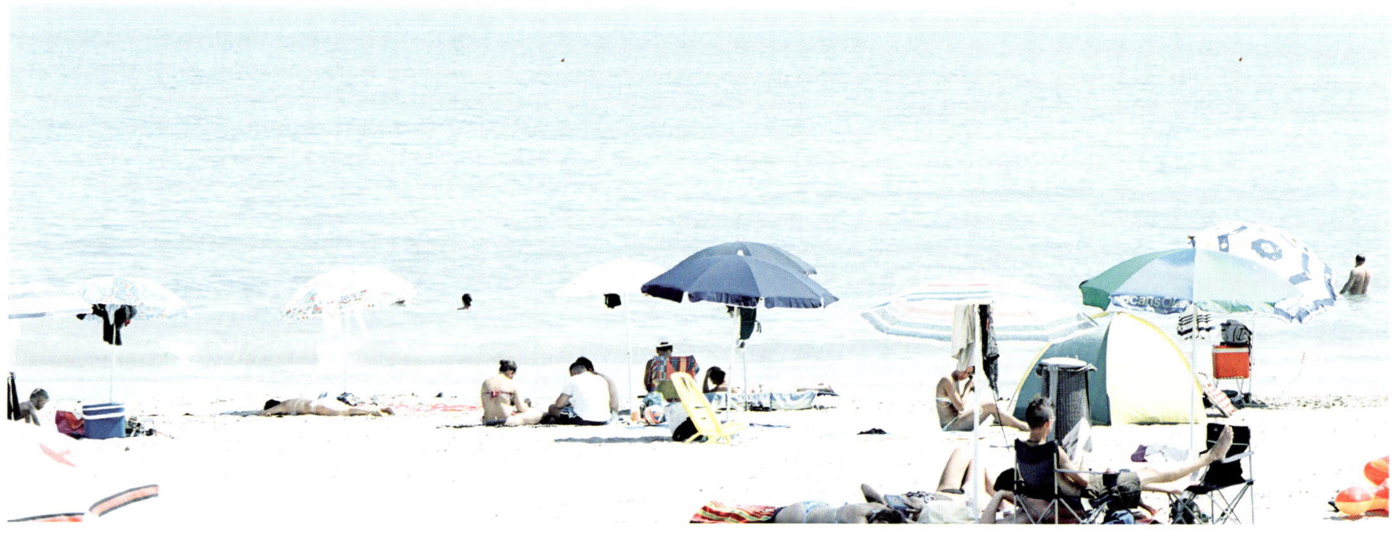

lo sguardo ha un effetto creativo   di importanza straordinaria   fulfilment of tasks and achievement of goals   punti di vista e punti di posizione

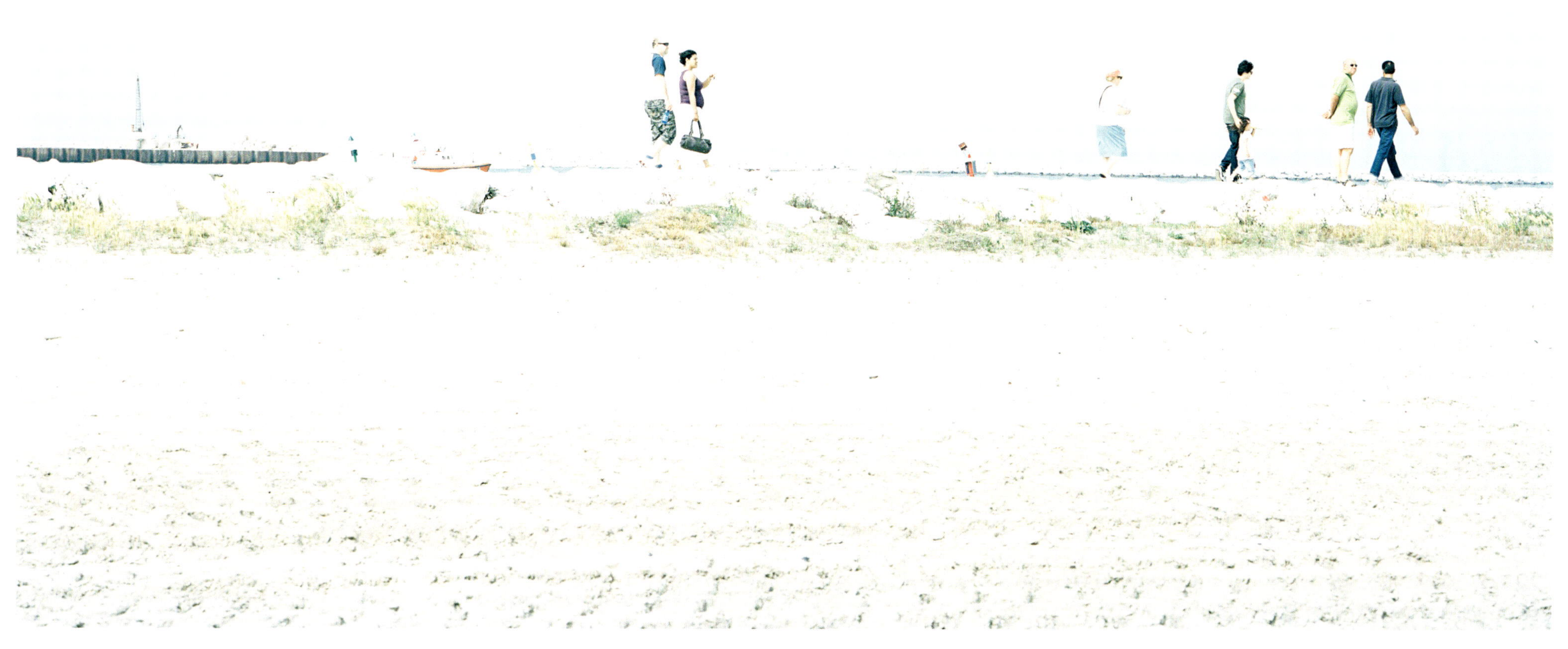

senza ombra di dubbio   open and constructive   con l'obiettivo di rafforzare il consenso   continues to stand out

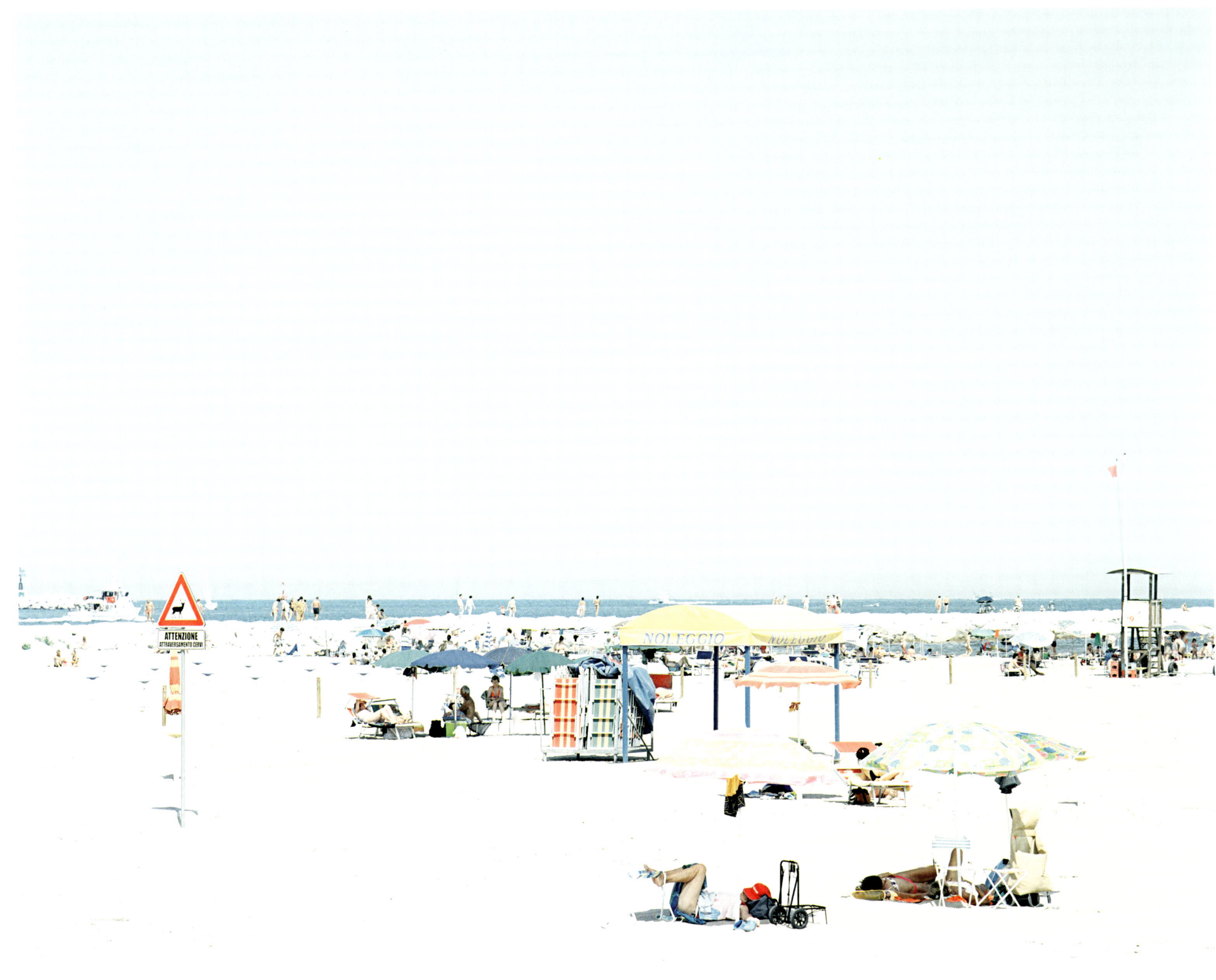

morale - potere e capitale   for the sake of the common interest   relationship with nature and naturalness   responsabilità accresciuta

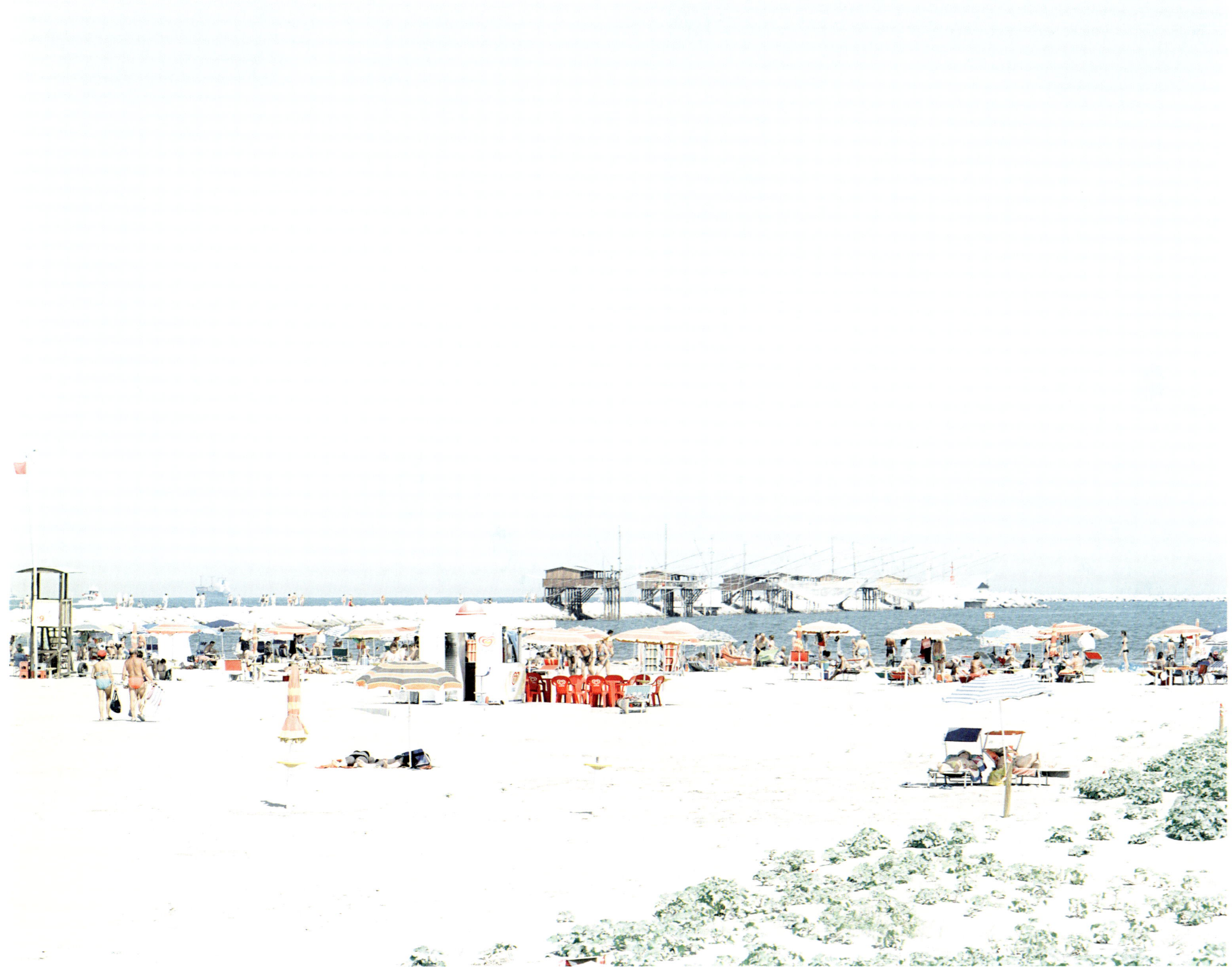

preparations are proceeding according to the set plan

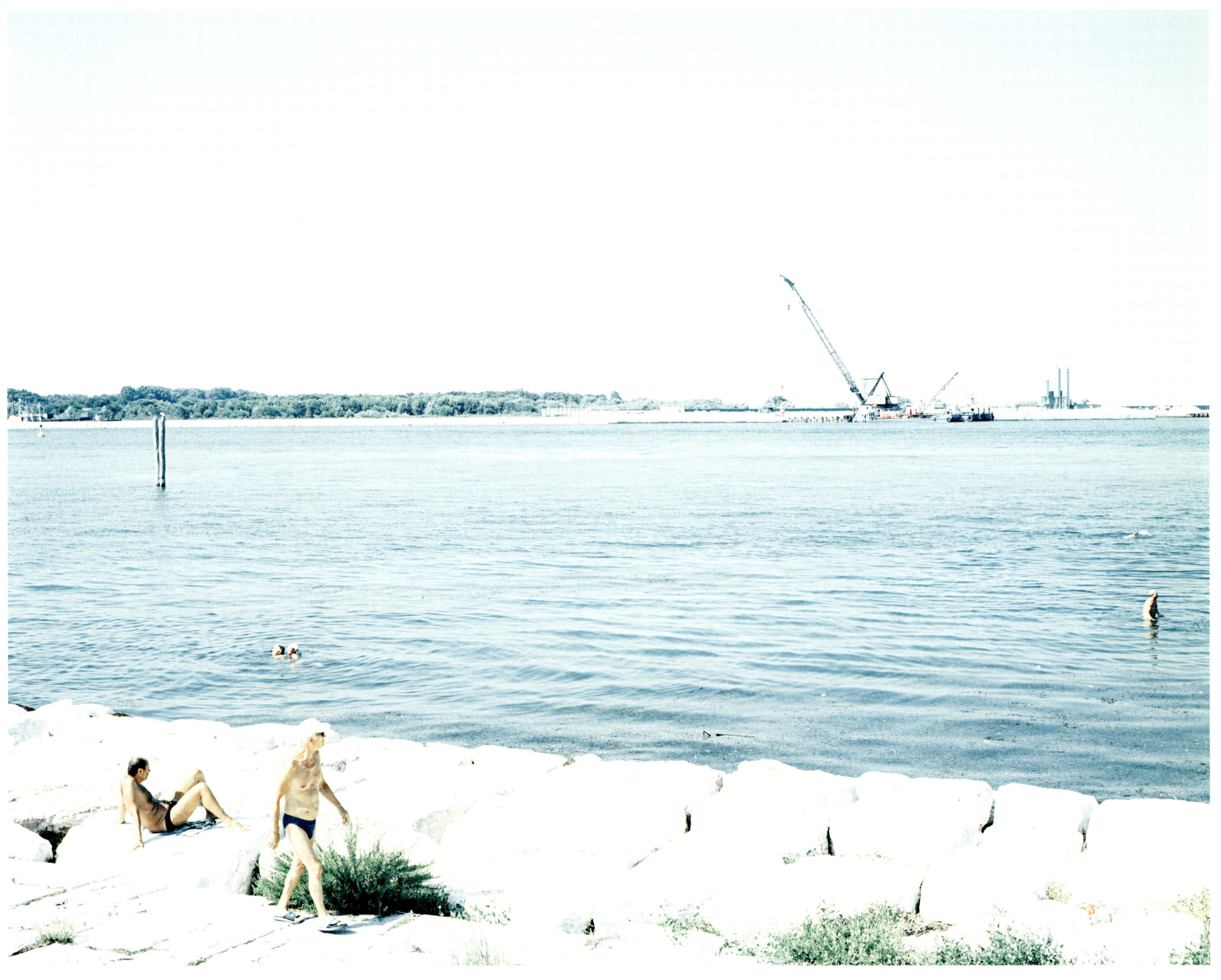

fragmentary   limit of representation   make something appear

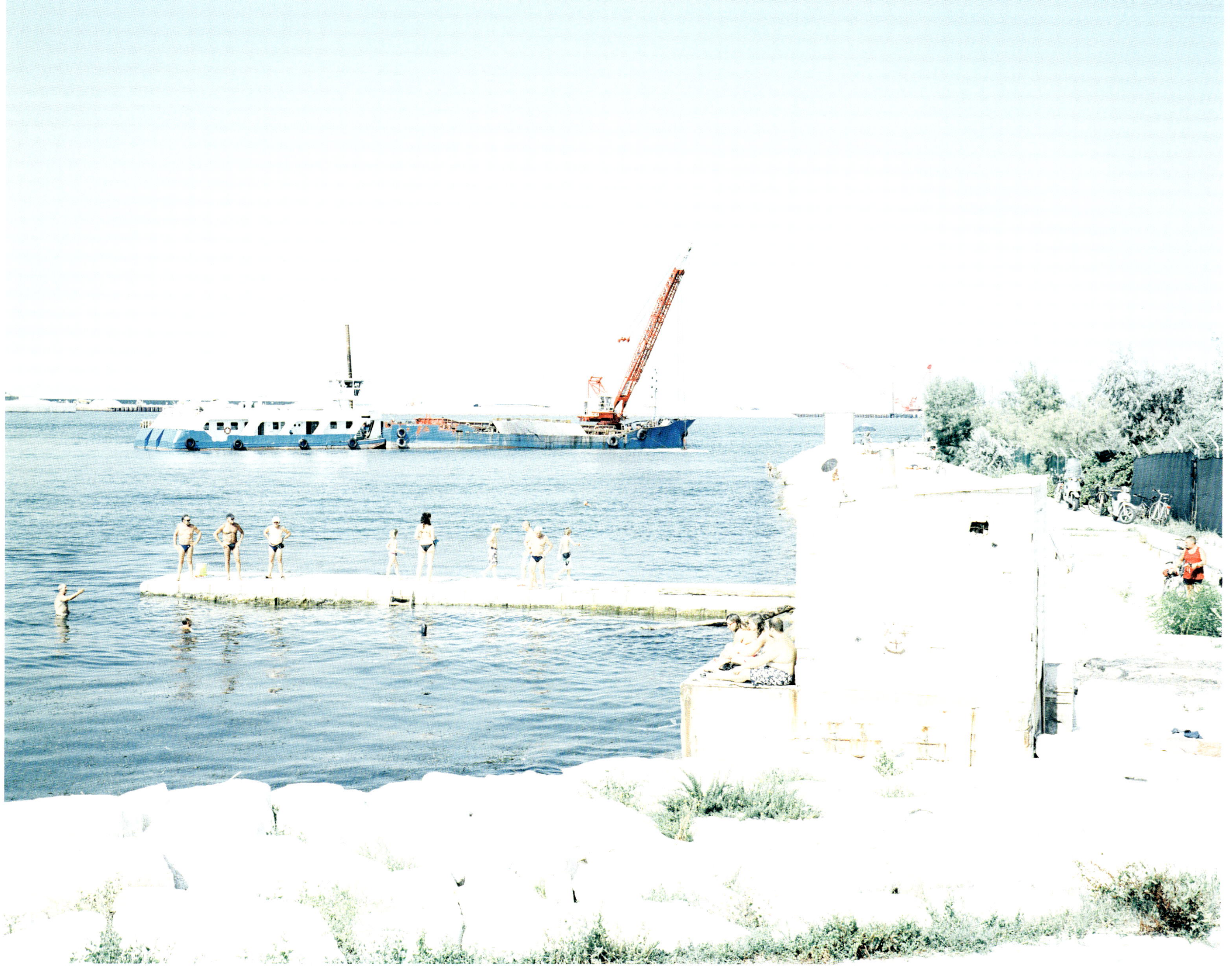

 spatial situations – temporal situations

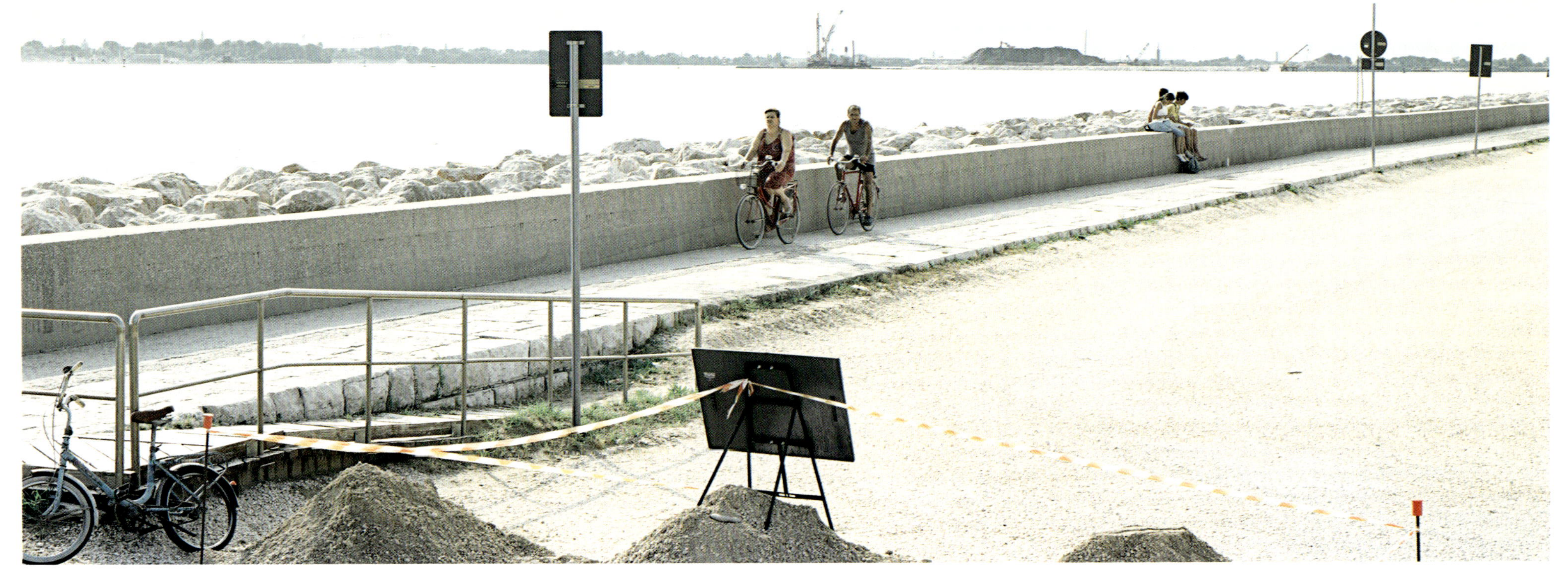

necessità di superamento dei confini

mutazioni spaziali

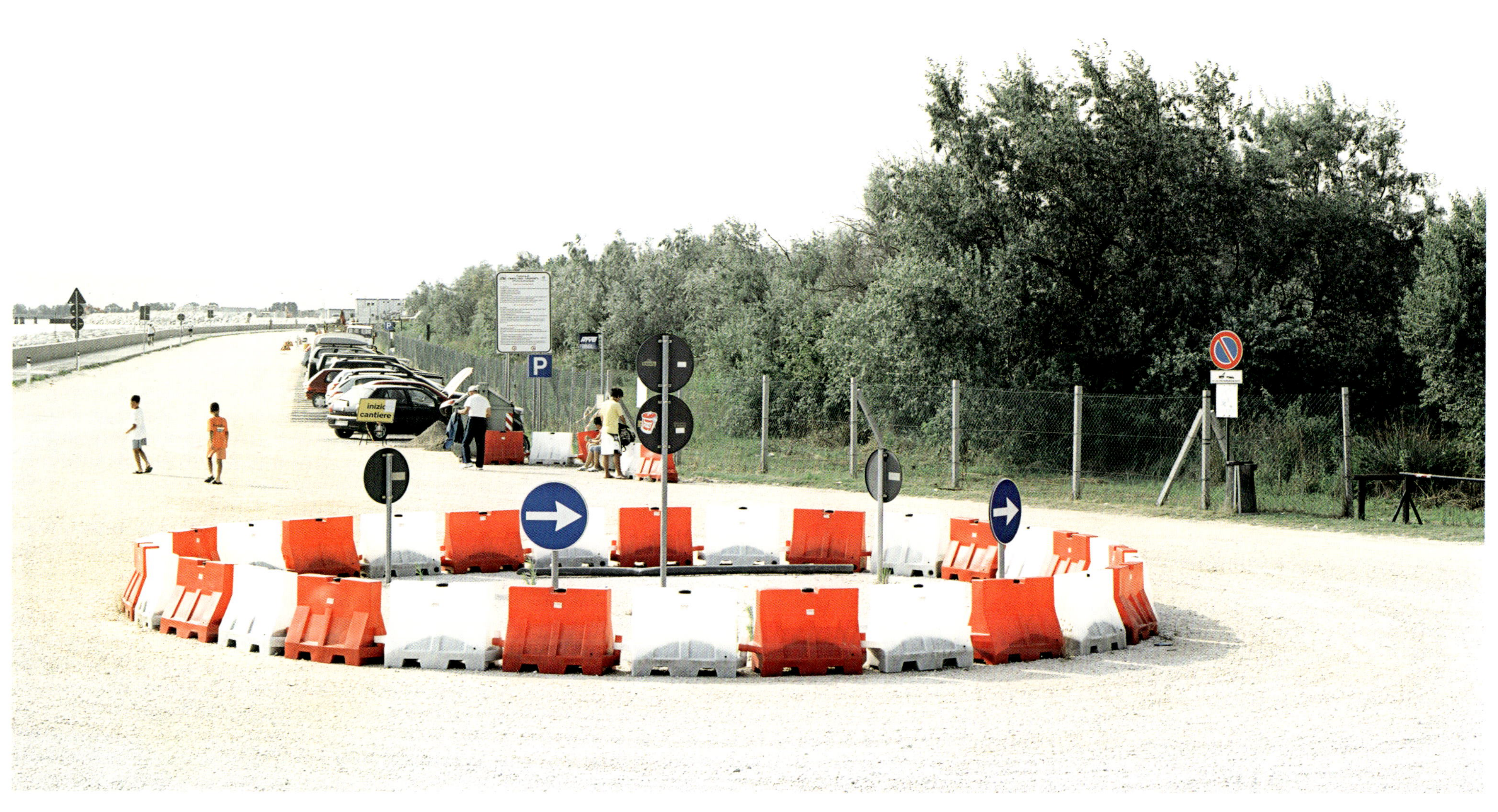
inizio cantiere

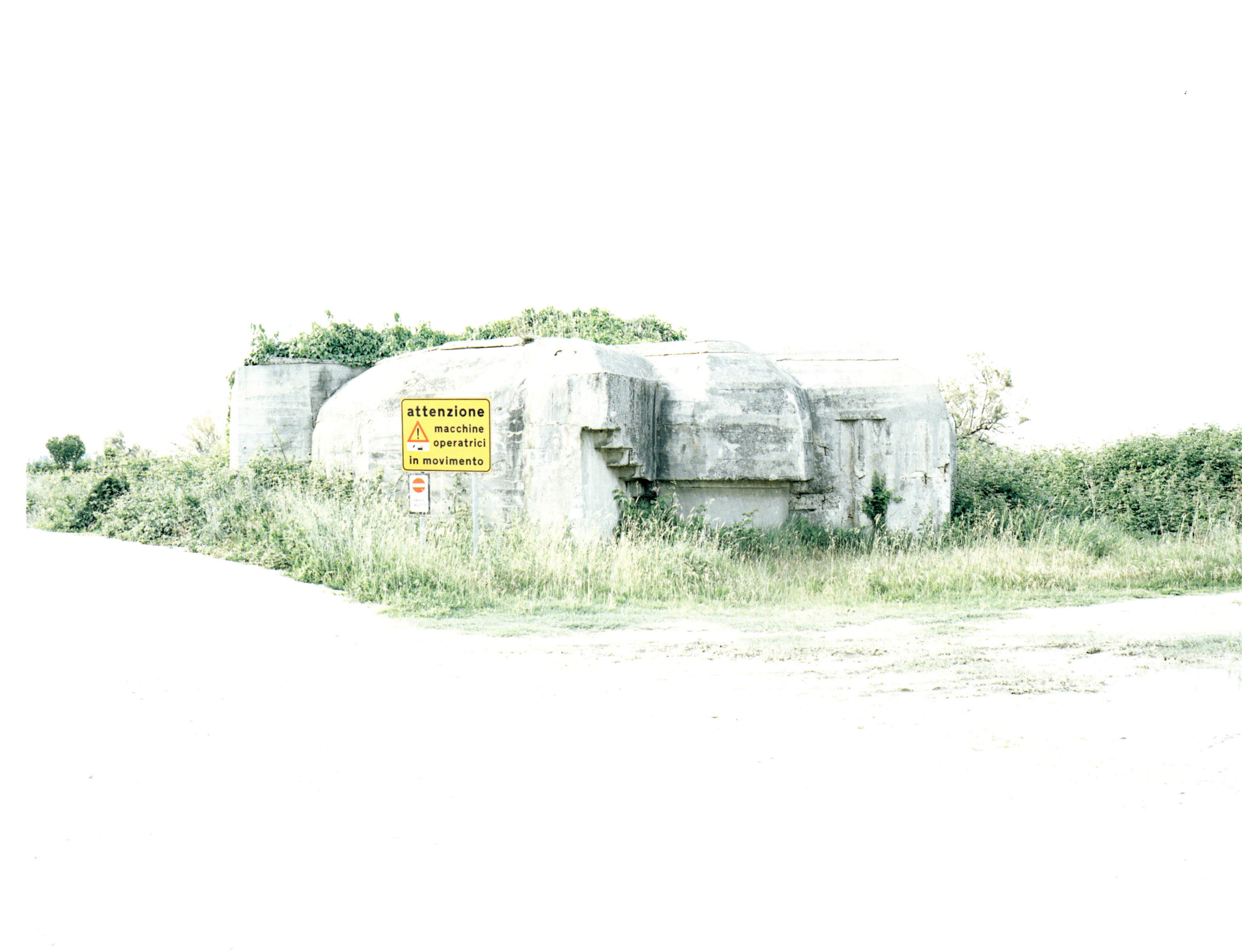

contraddizioni   with the aim of strengthening consensus

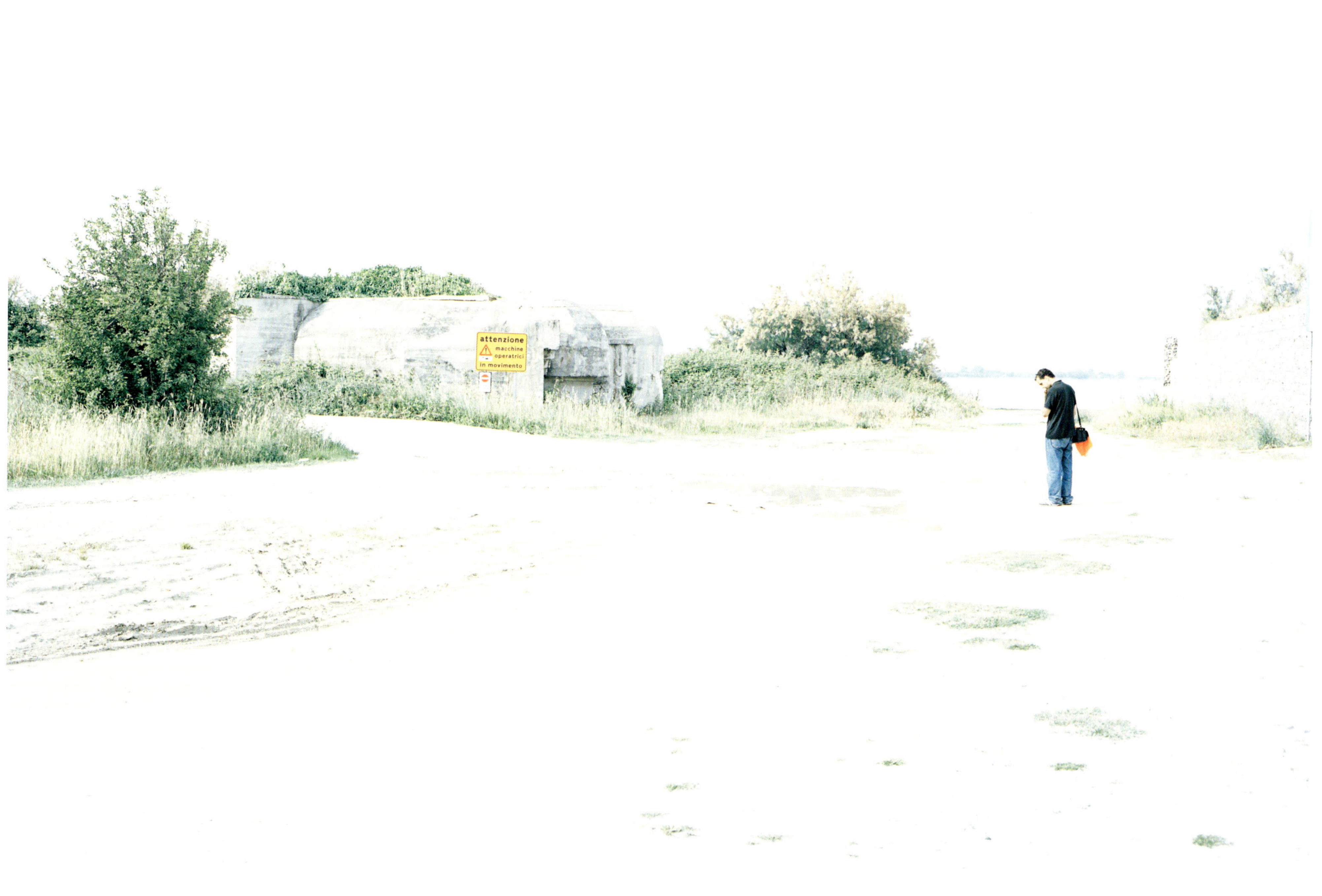

configurazioni paesaggistiche   ampliamenti spazio-temporali   to transform the depth of the space into the surface of the image

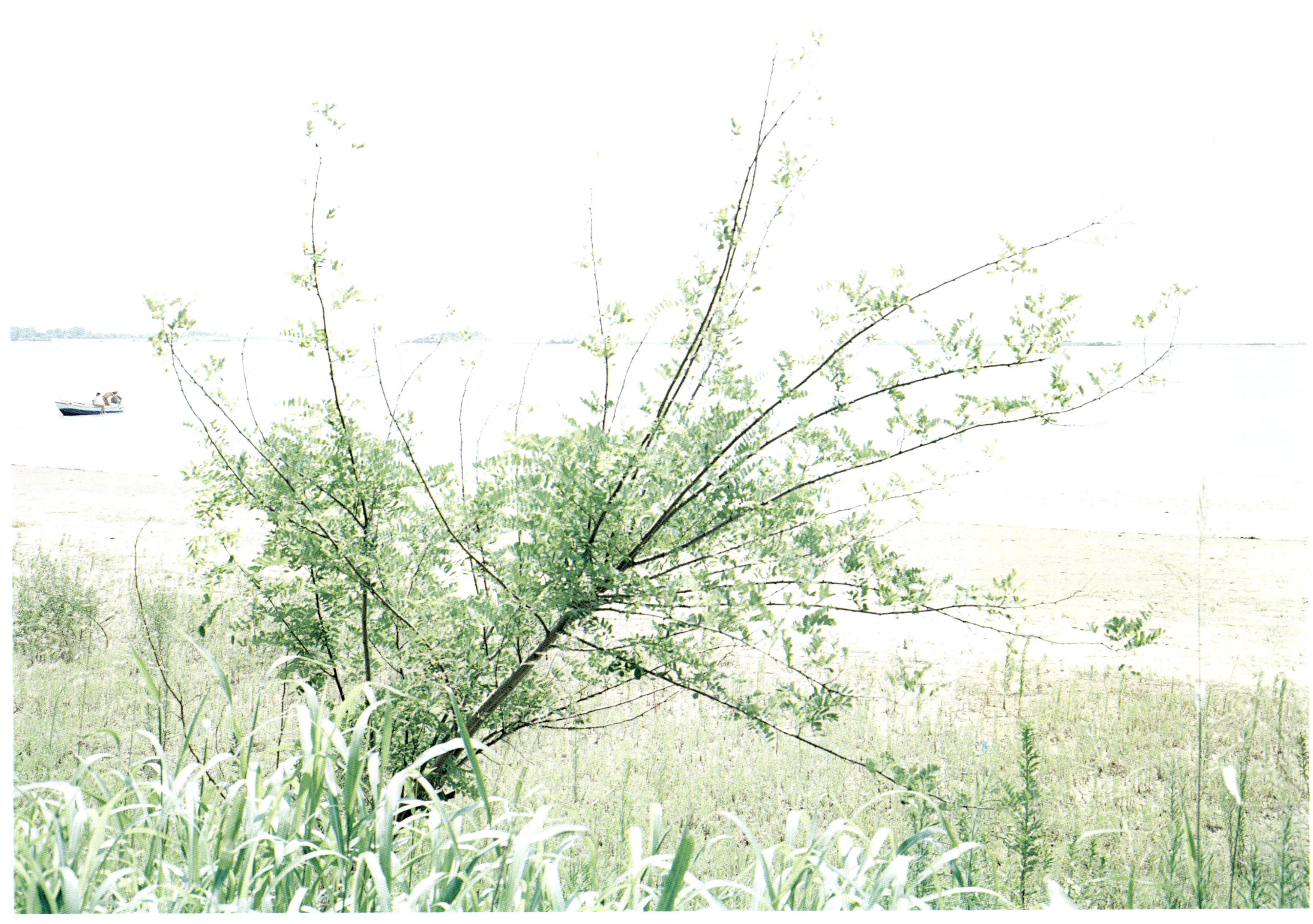

paesaggio lagunare

construction of image-spaces

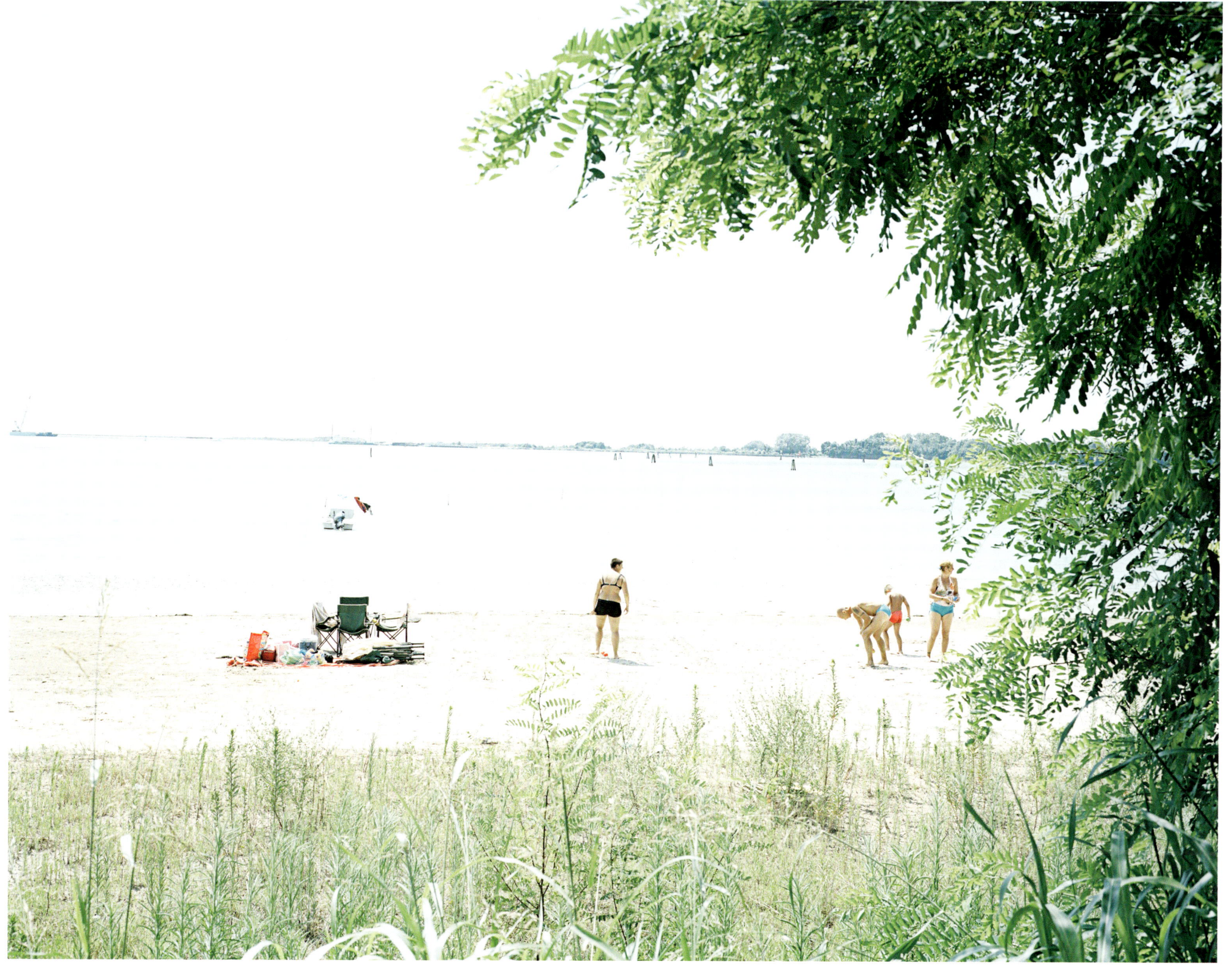

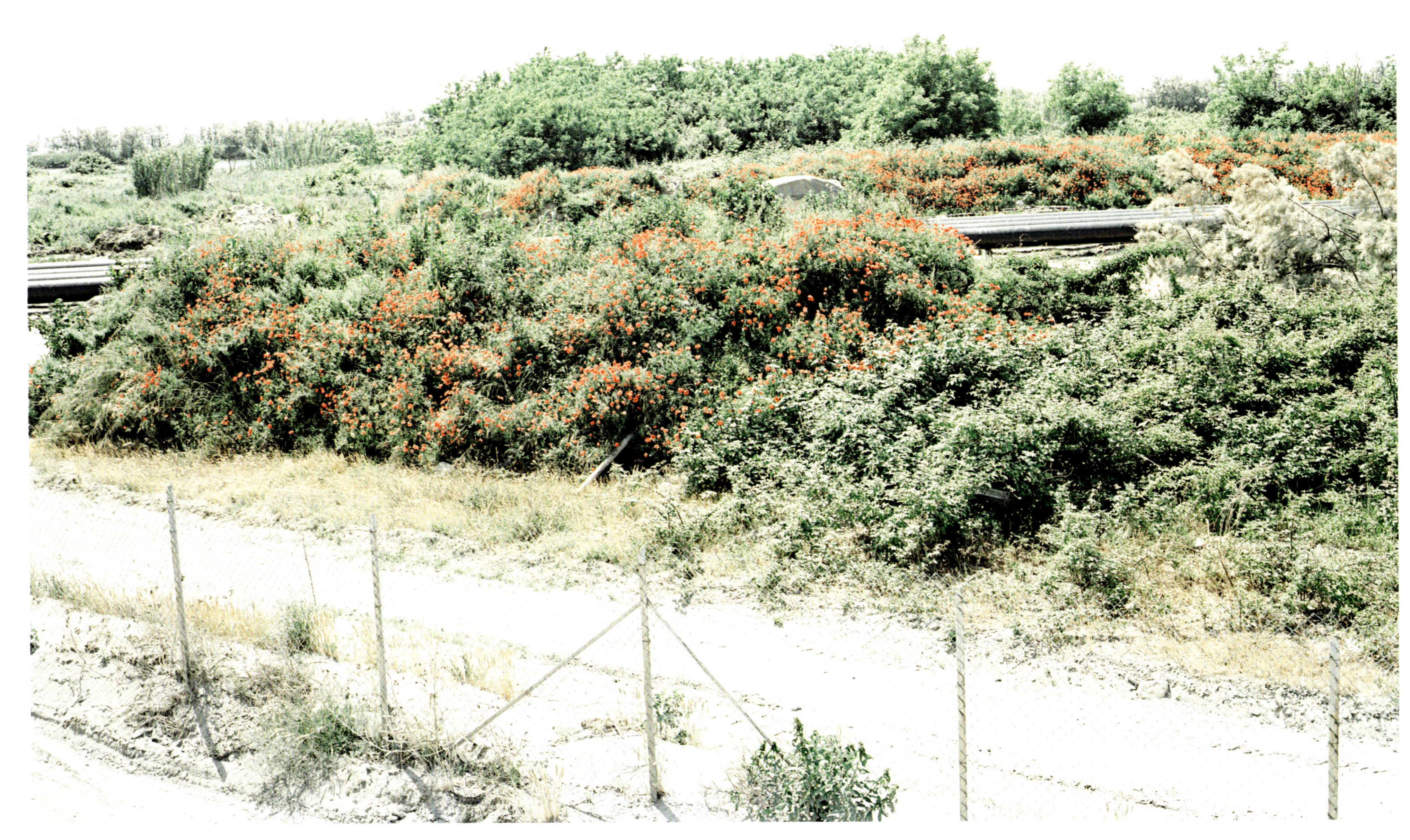

in considerazione di questi movimenti   pre-eminence of technology   the eye of the beholder has a creative effect

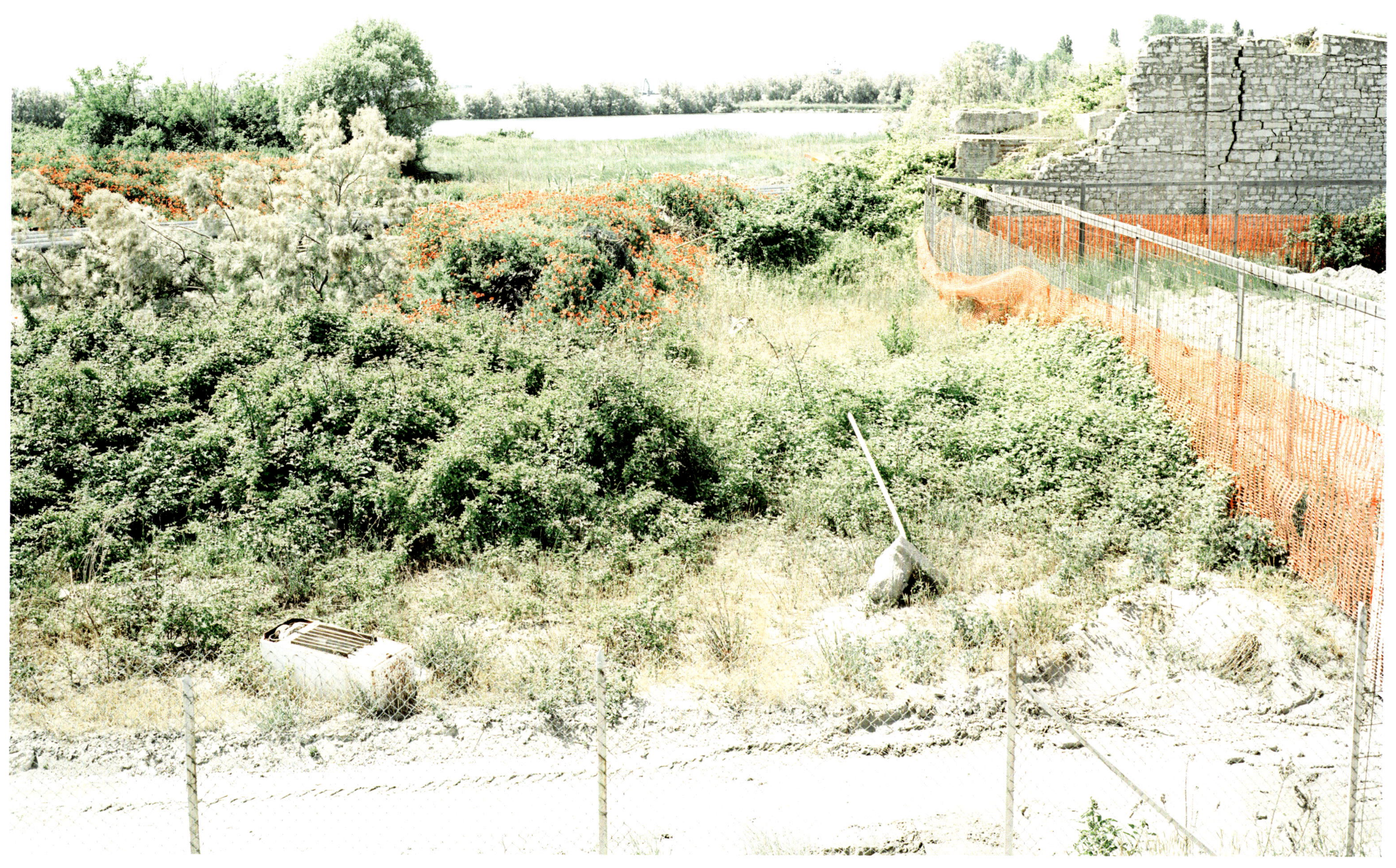

criteri di trasparenza   two-dimensional plane   operai impiegati ca. 2900   technology as a relationship with nature

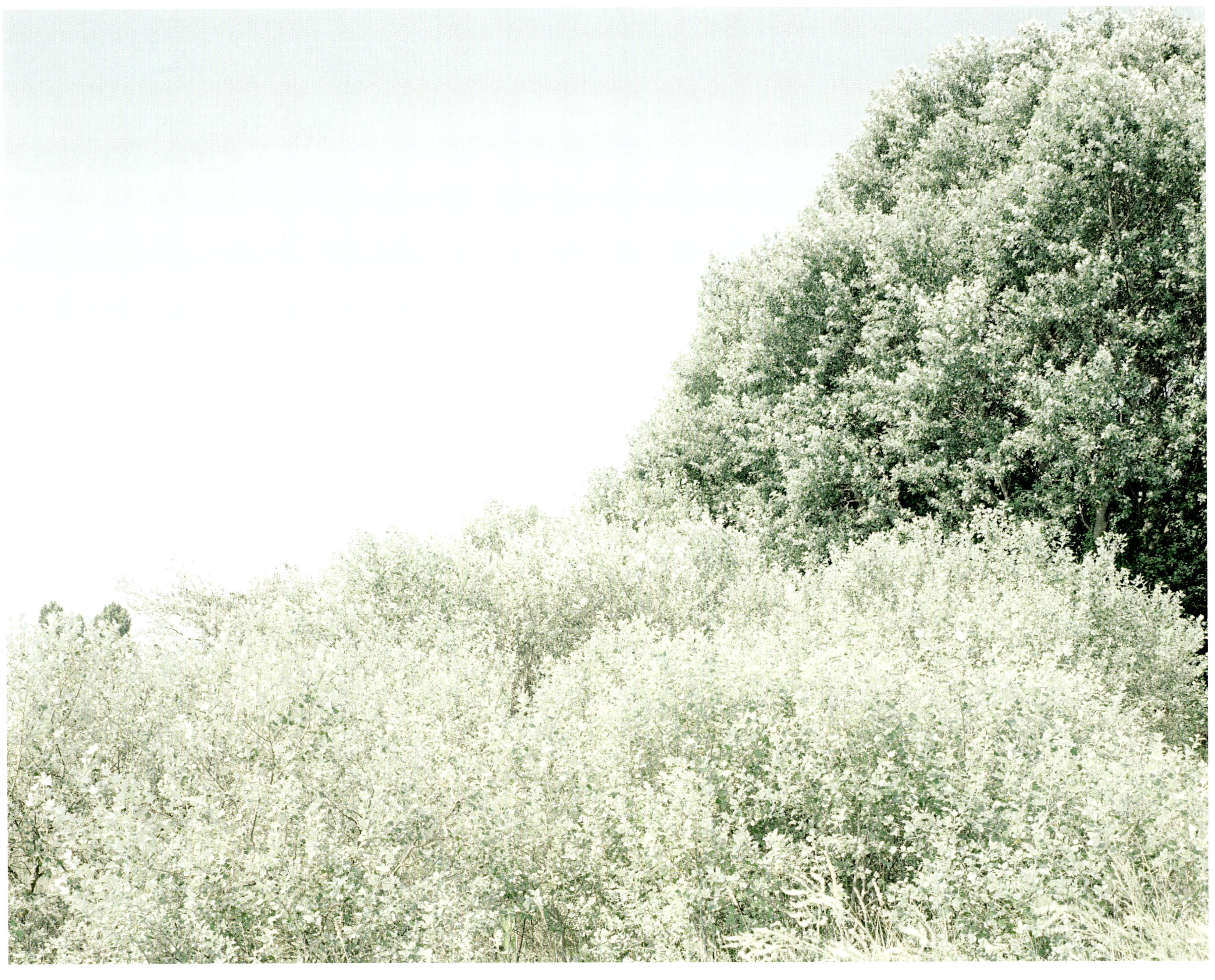

infortuni sul lavoro
viewpoints and standpoints
sicurezza sul lavoro
making the environment suitable for

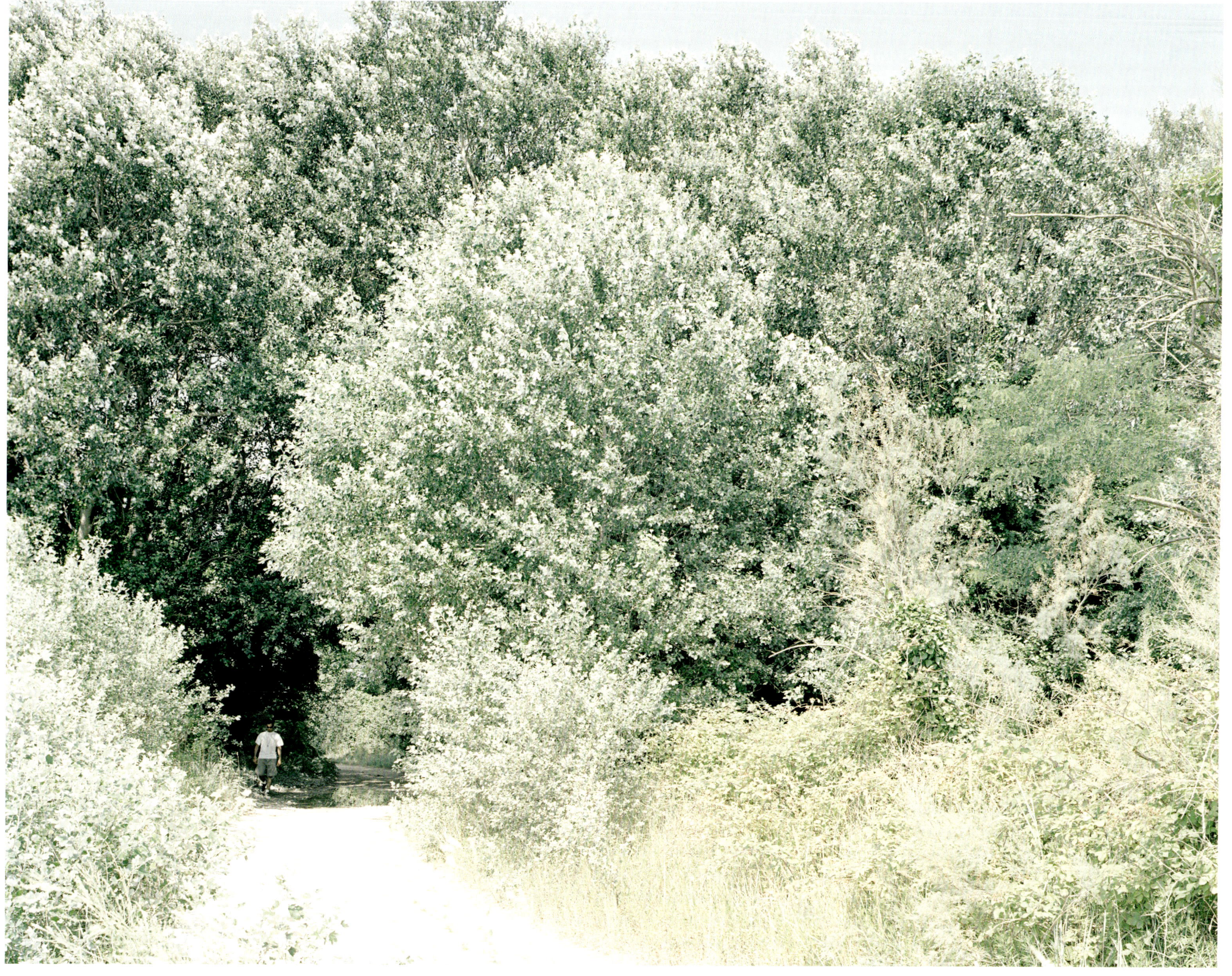

impatto socio-ambientale

differences   without the shadow of a doubt   tecnologia come rapporto con la natura

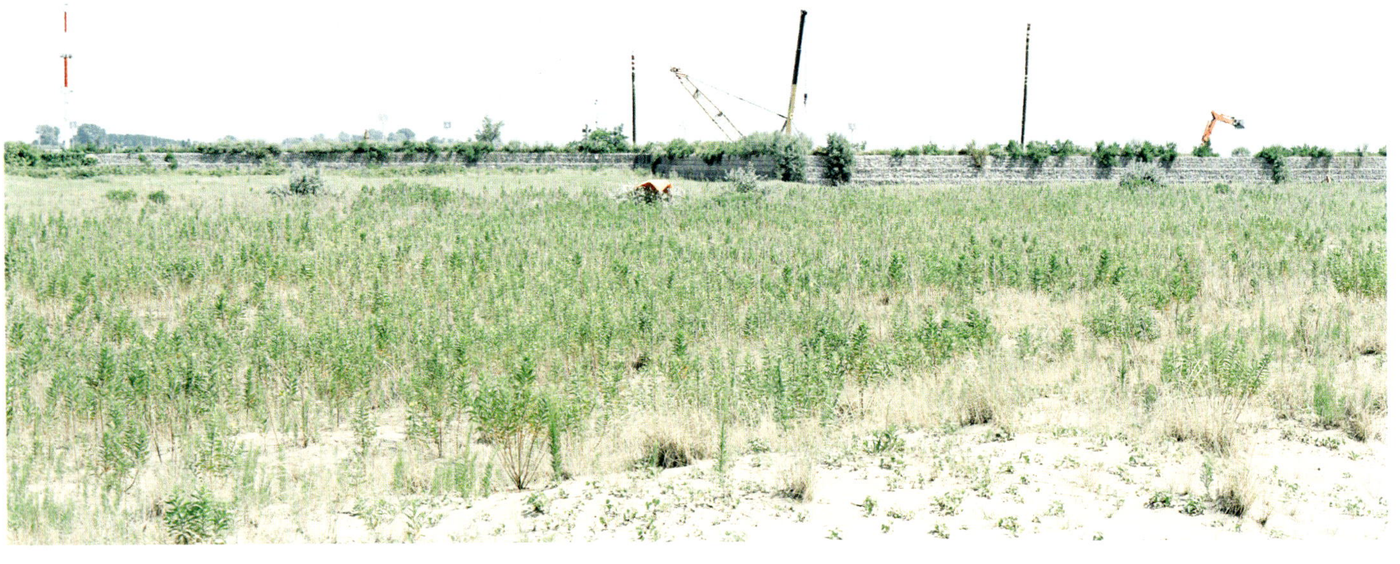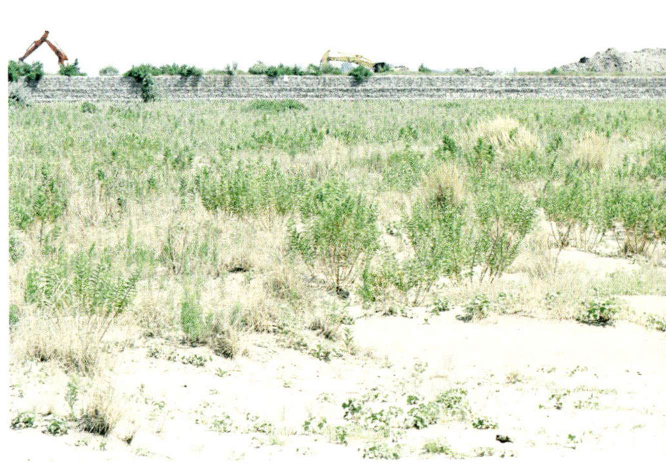

build up an image   scenografie monumentali   since we are not very governable spaces   functional relationship with the world

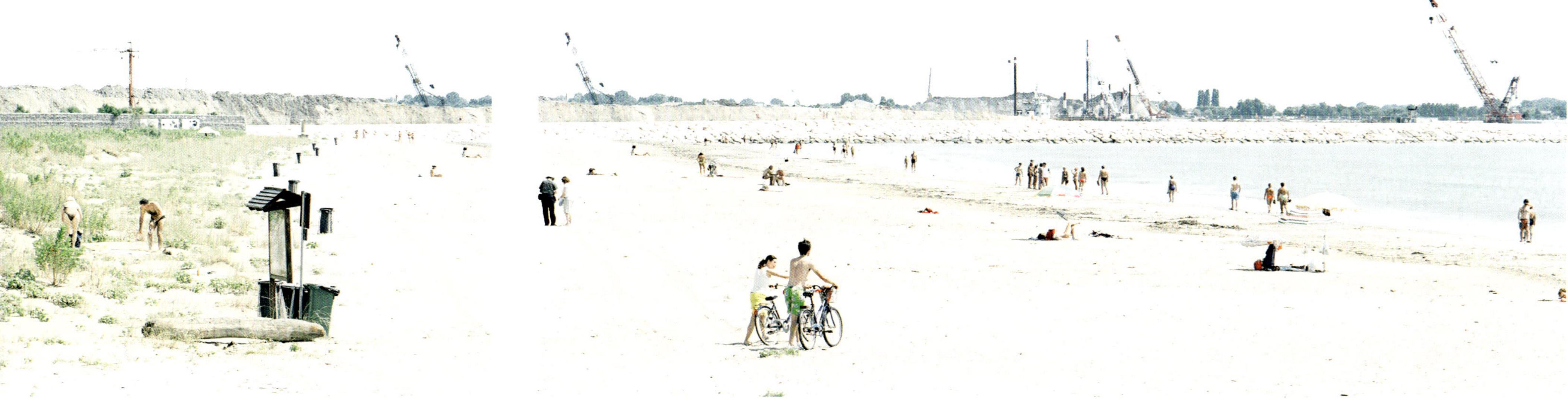

colossi economici   well-defined relationship with nature   inserimento paesaggistico   in view of these shifts   ambivalenze

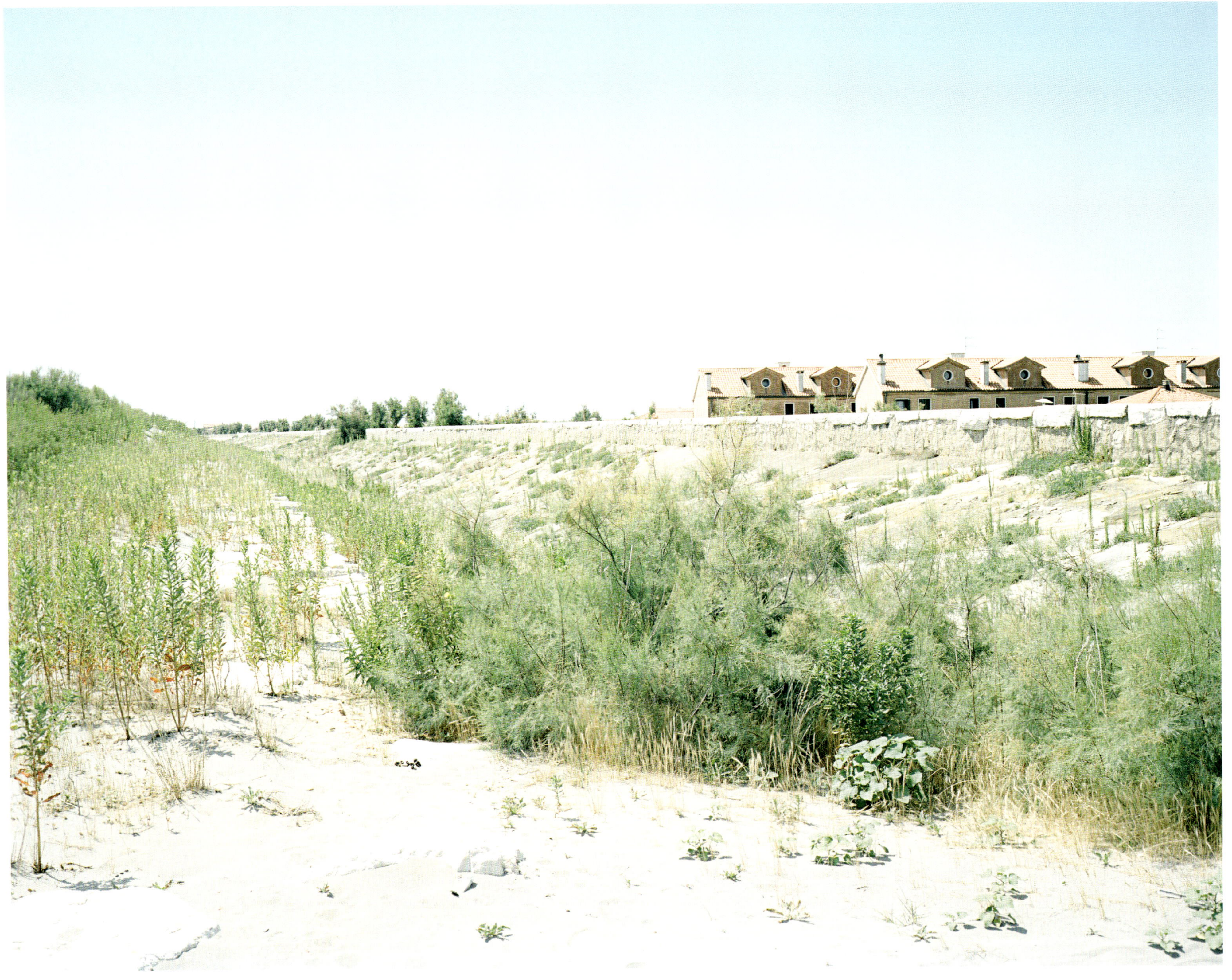

preminenza della tecnica   standardizing and repeating   movimento NO MOSE

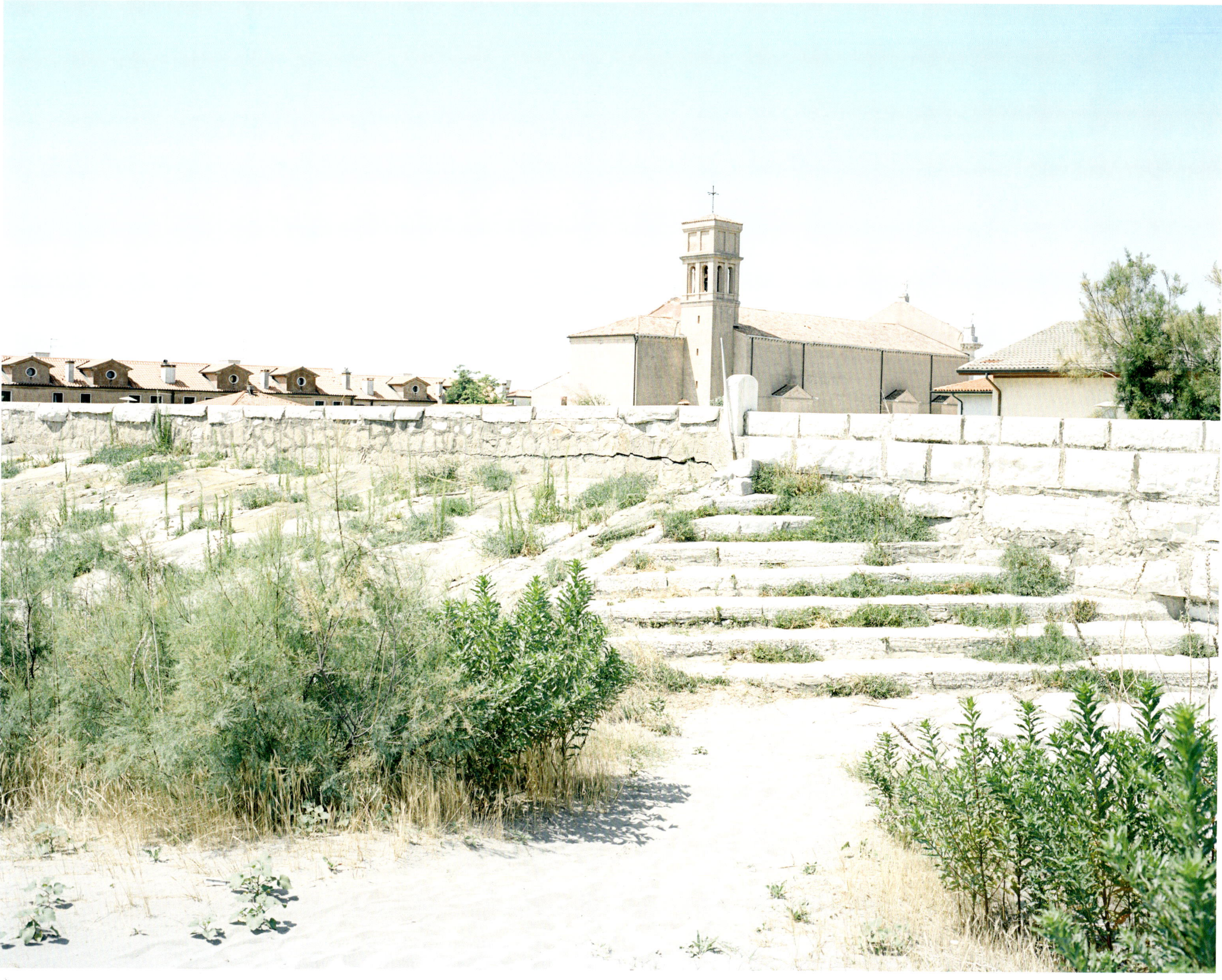

rapporto con la natura ben definito

transparency criteria

minimizzare l'impatto visivo

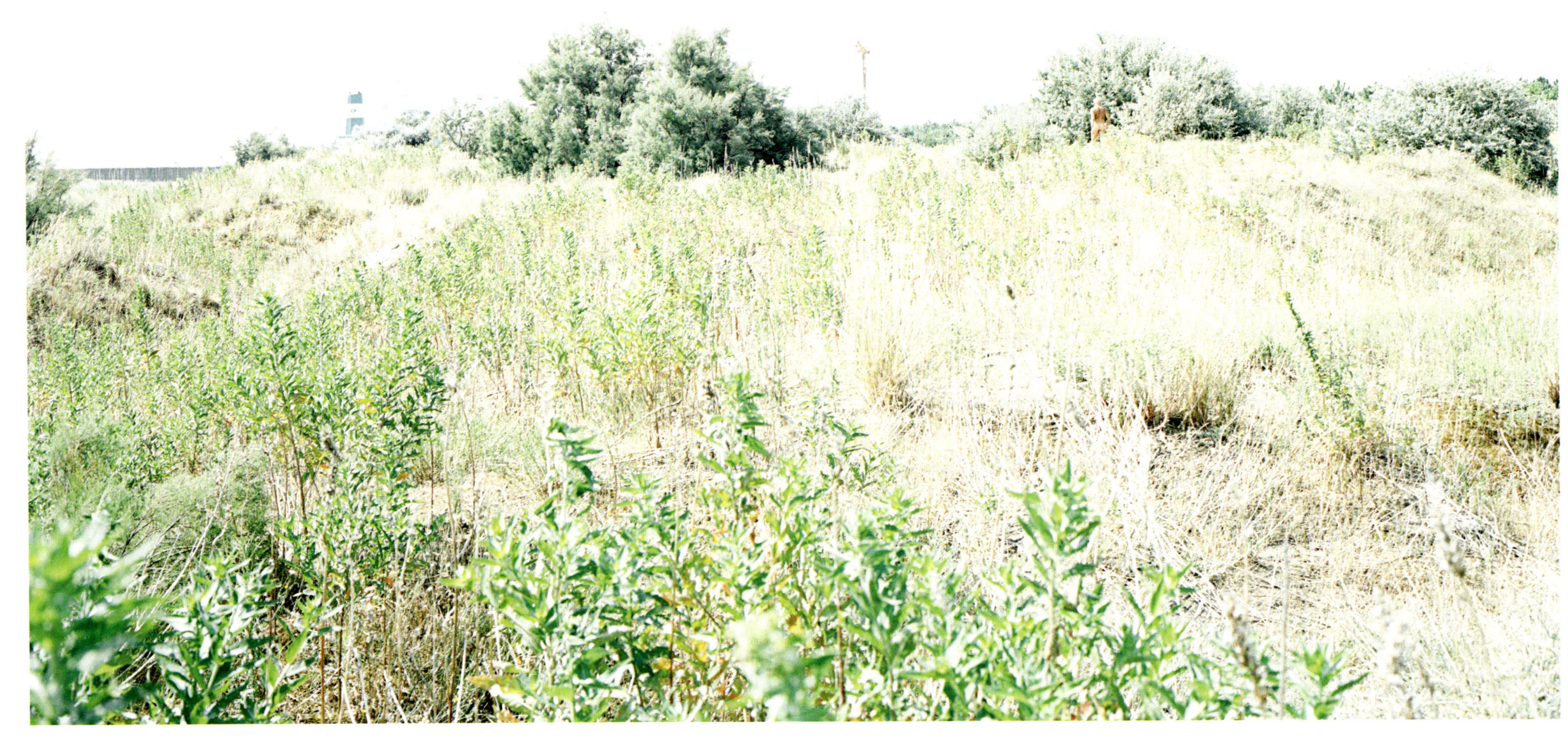

interchangeability   environmental sustainability   essendo noi spazi poco governabili   obscurity conceals – luminosity reveals

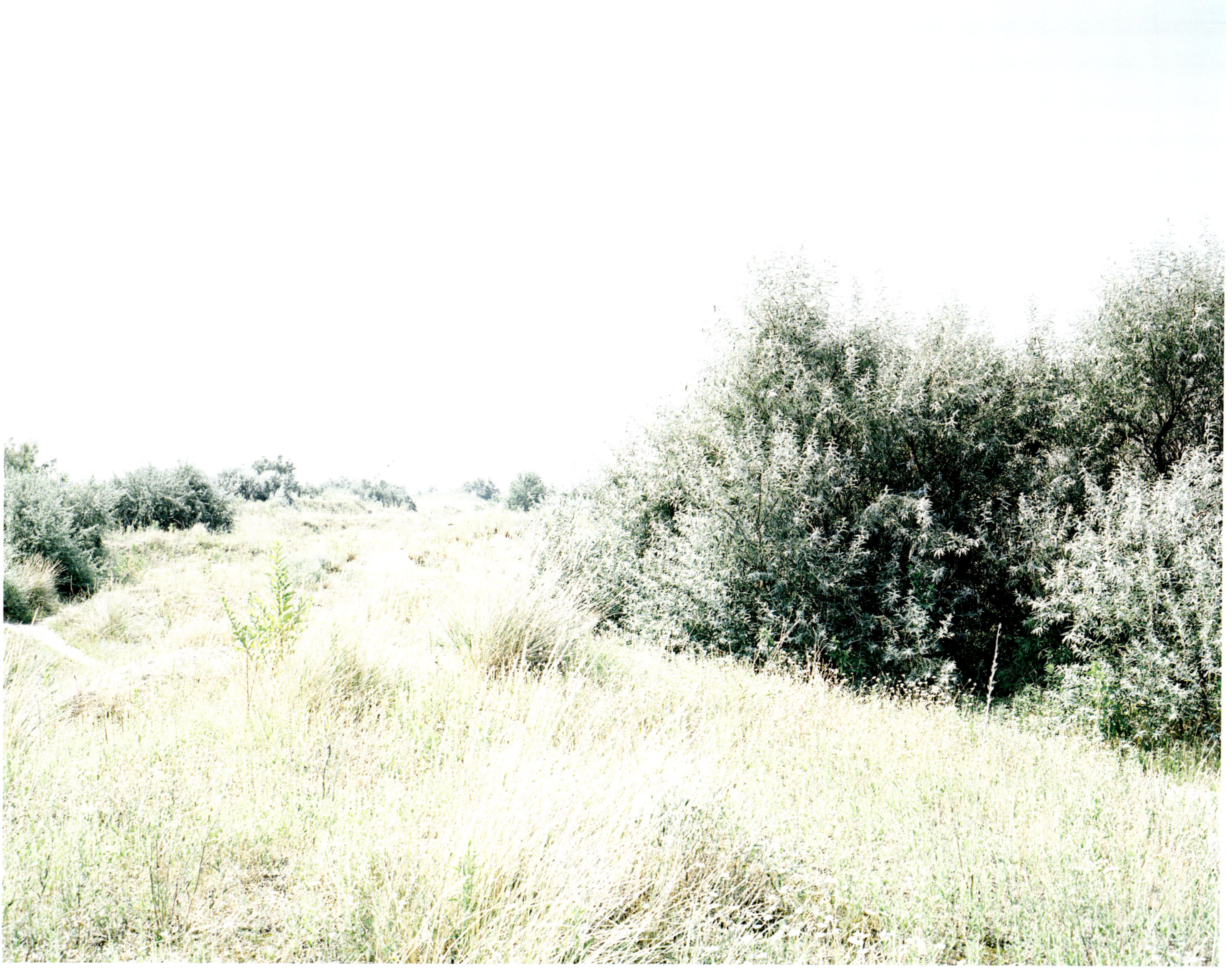

atmosfera significa percezione   political and social rationales   environmental alleviation measures   fare apparire   technology has shifted our perception levels

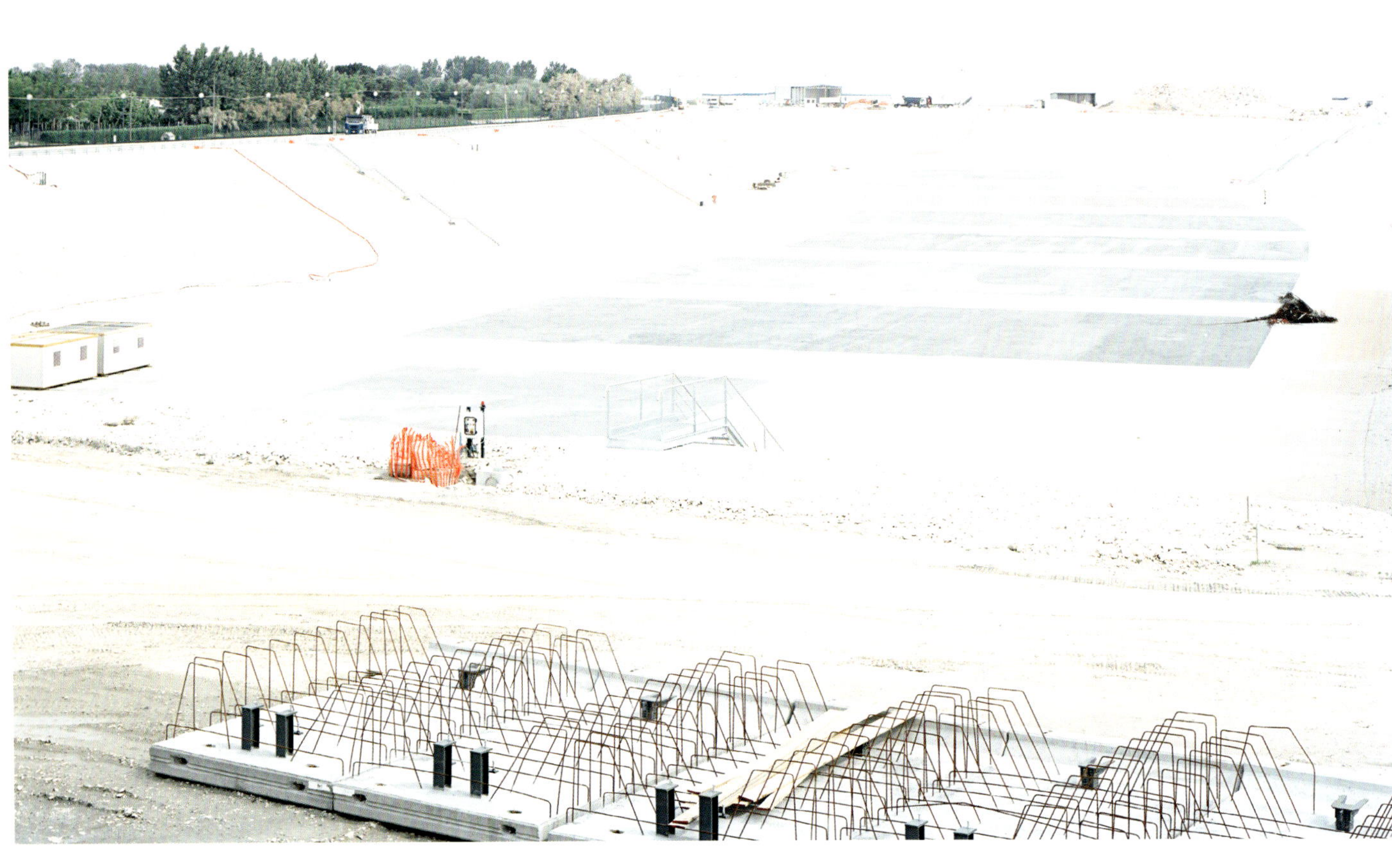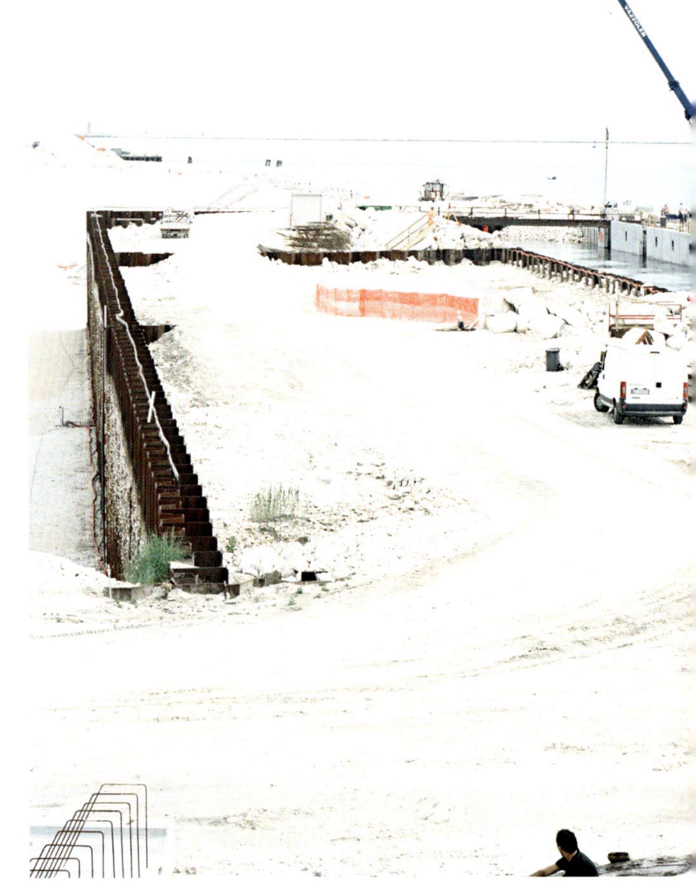

bilancio eco-ambientale

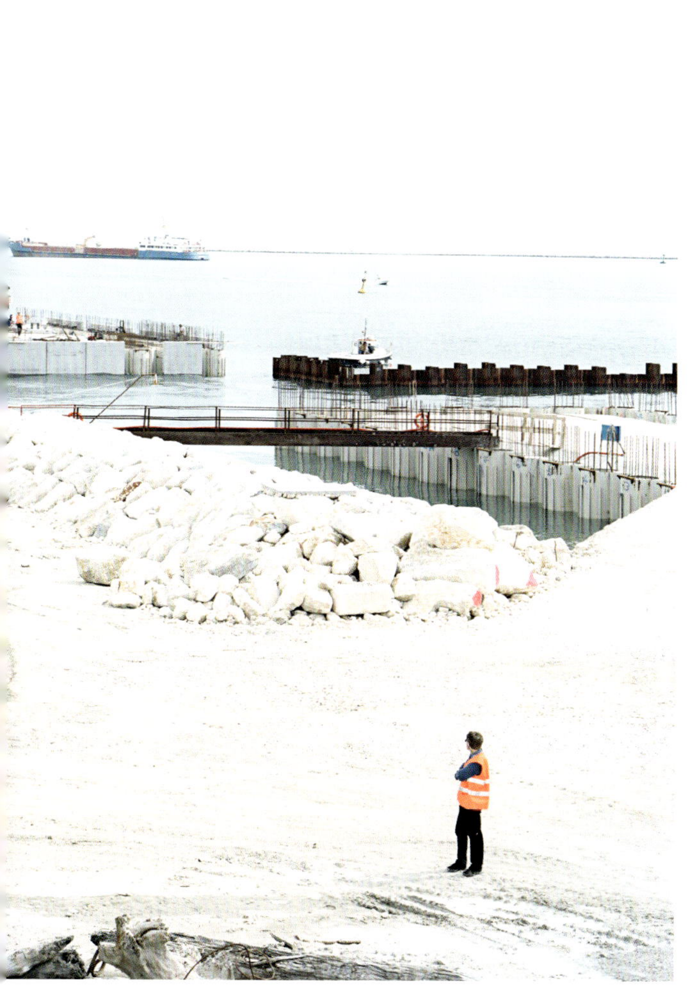

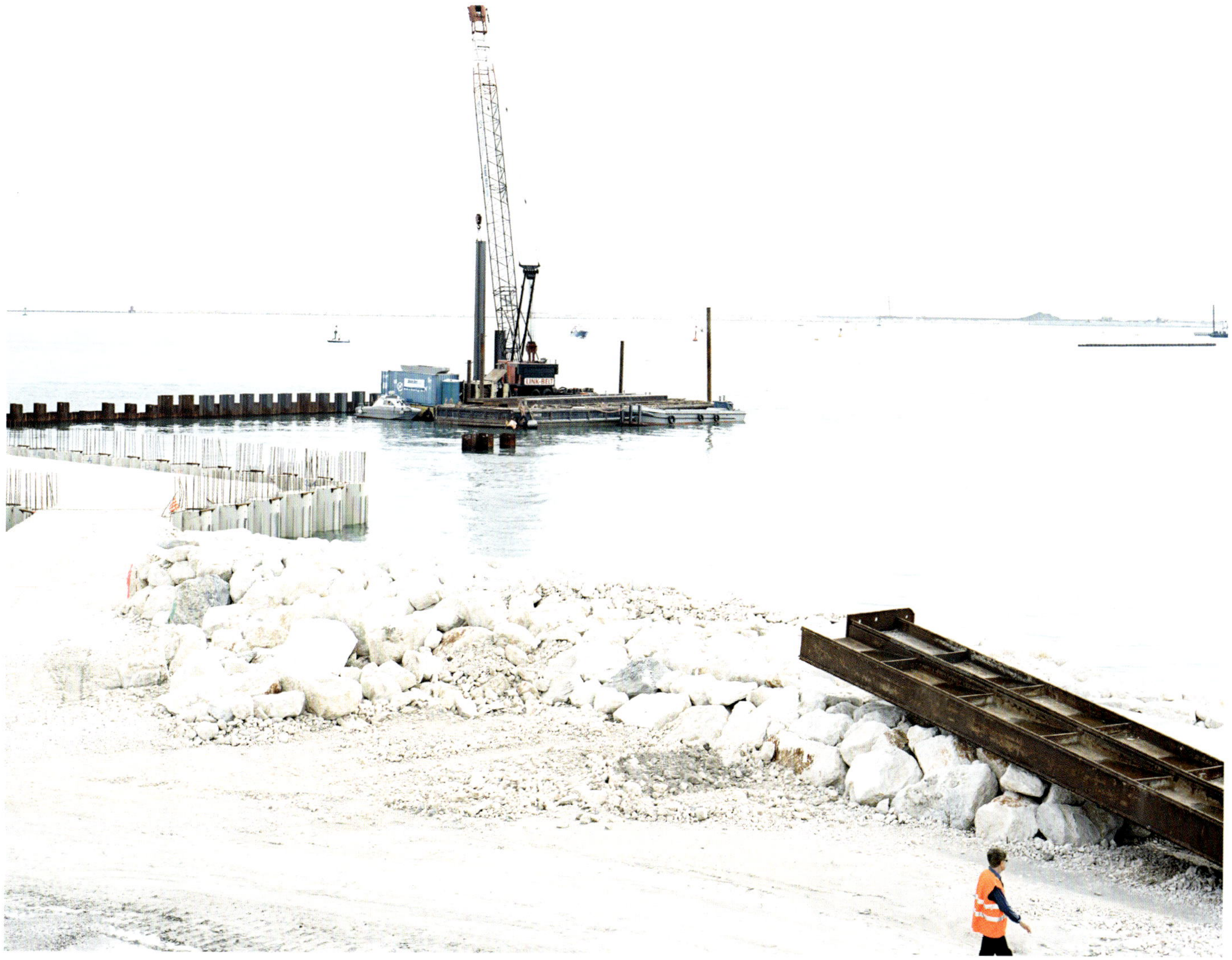

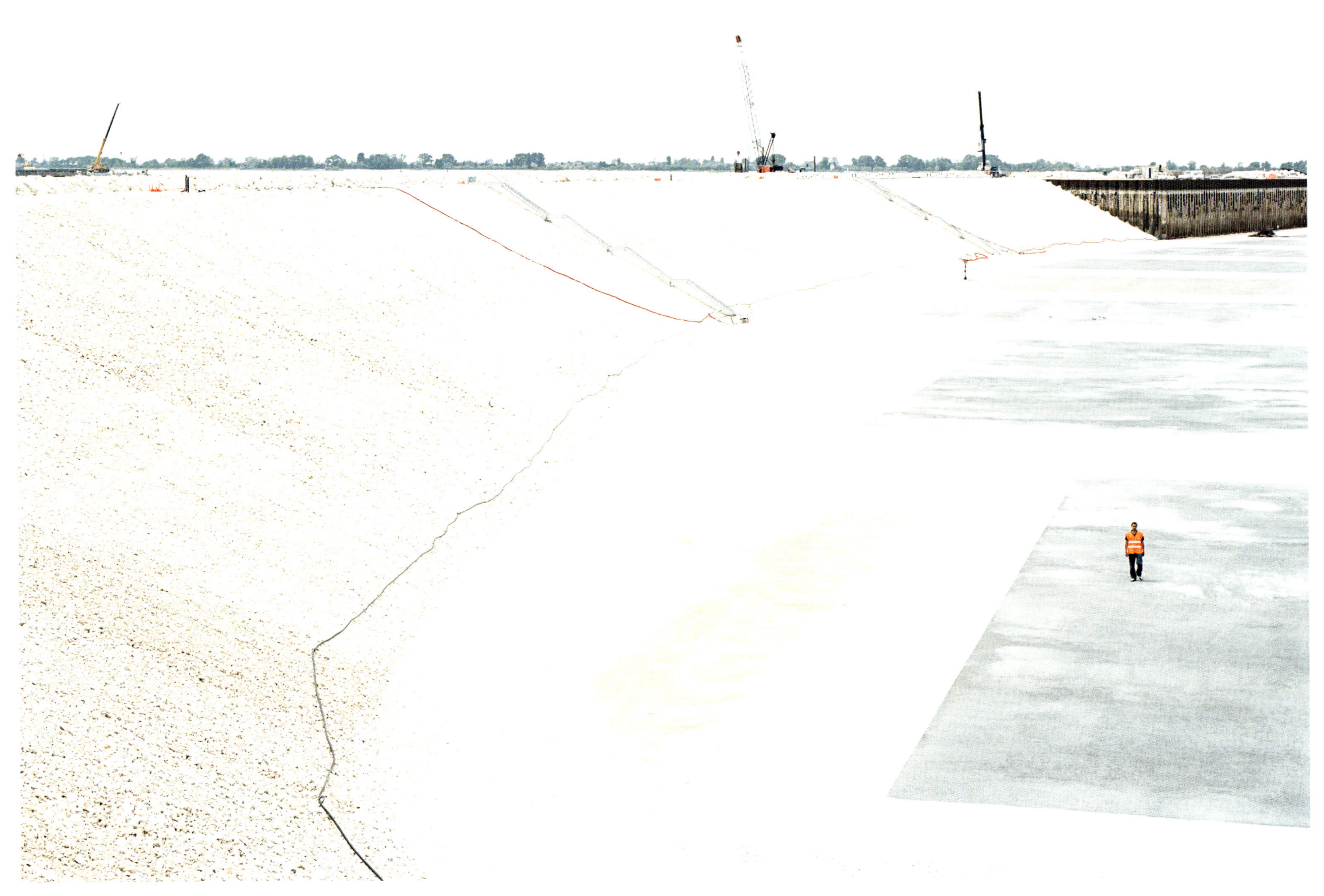

atmosphere means perception   space-time stretches   contradictions

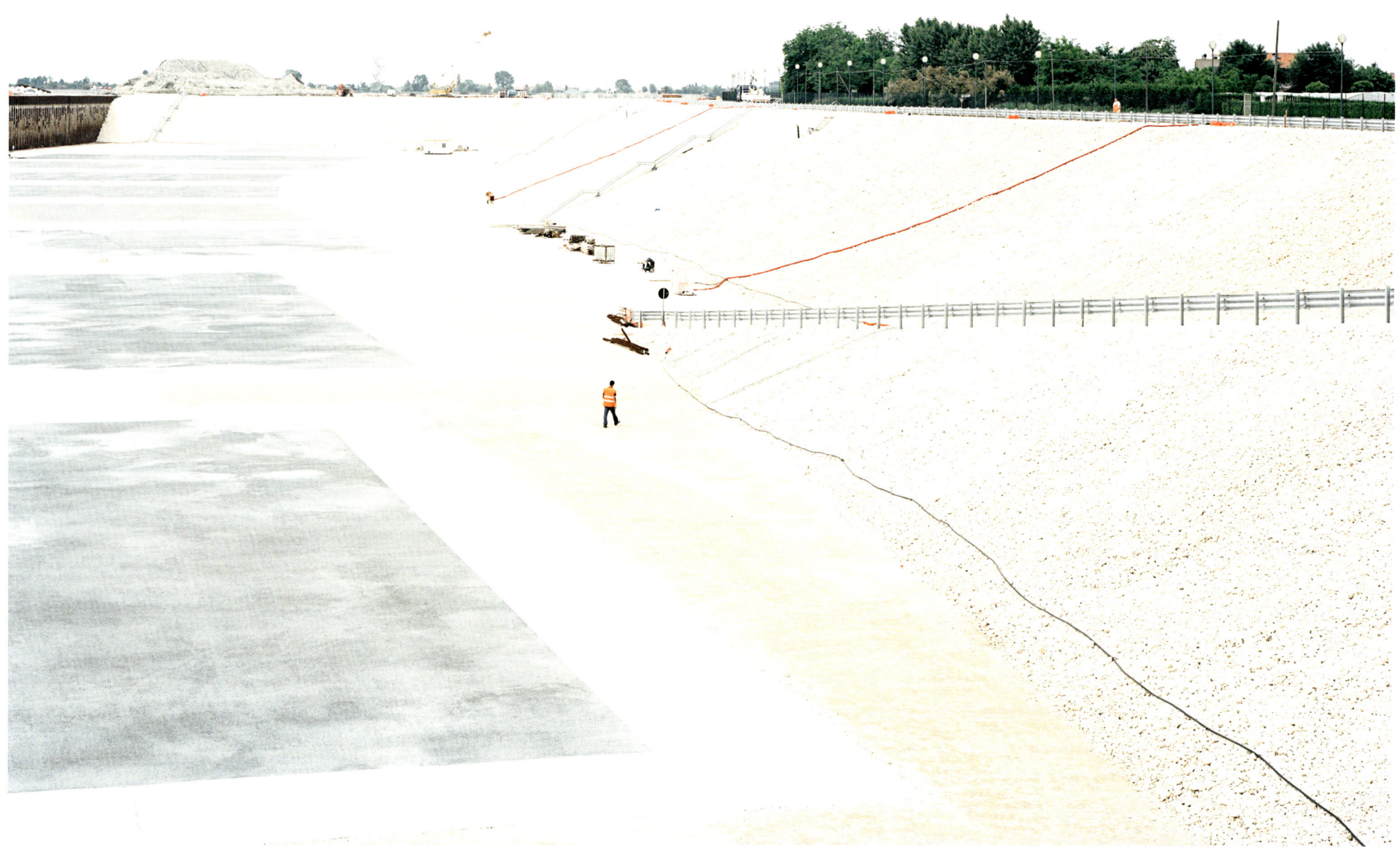

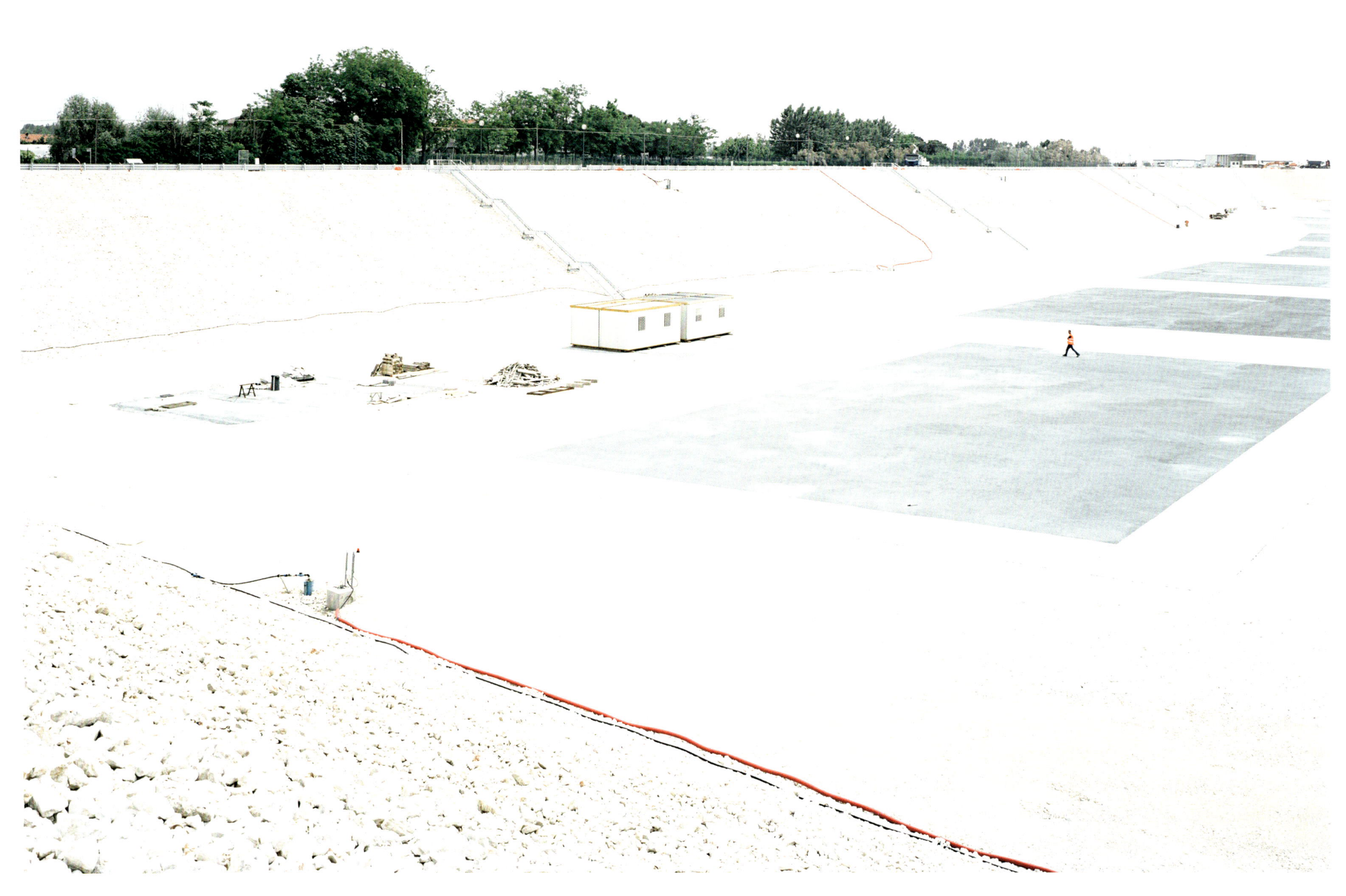

search for suitable solutions   economic giants   la tecnologia ha spostato i nostri livelli di percezione   NO MOSE movement

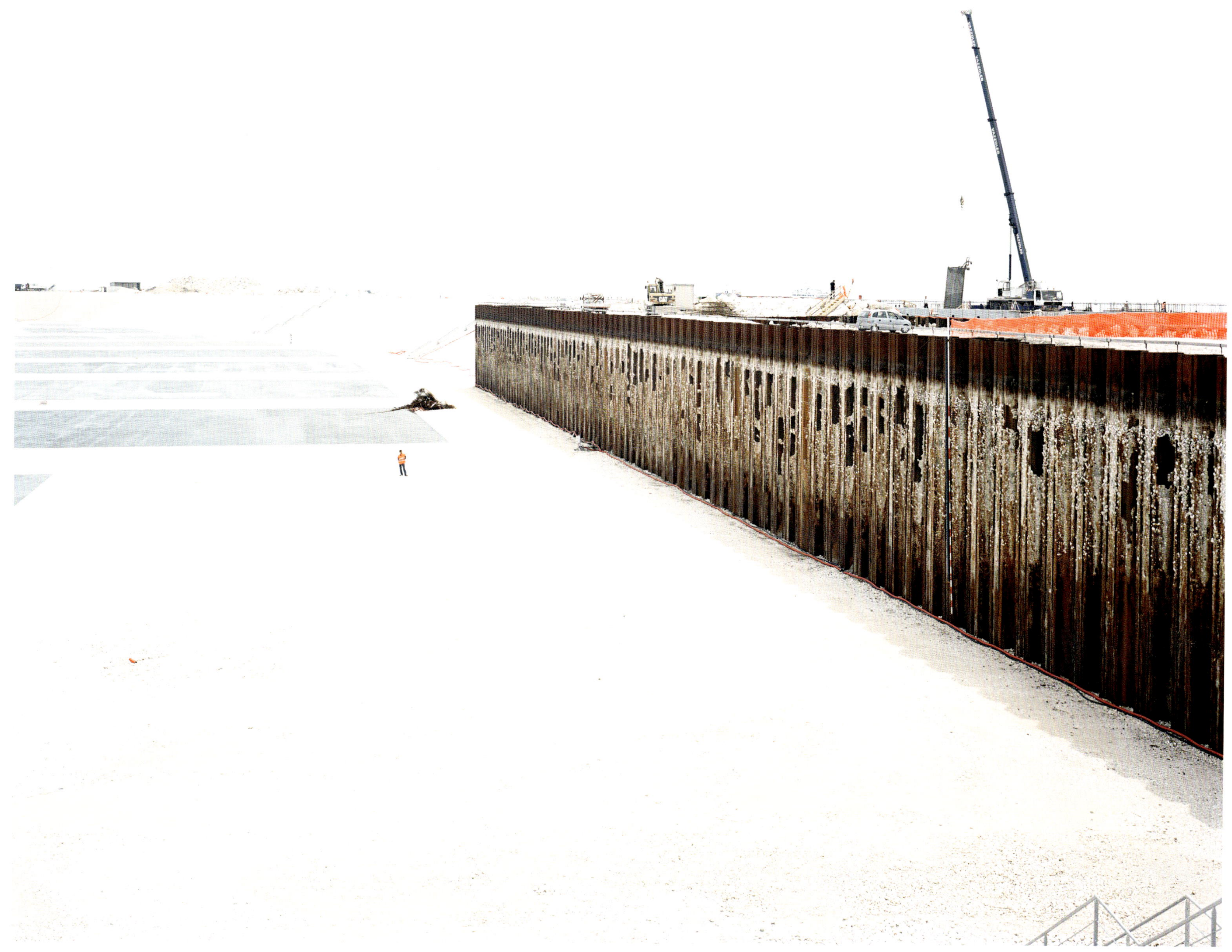

rapporto funzionale col mondo   introduction into the landscape   incomplete frames   misure di mitigazione ambientale

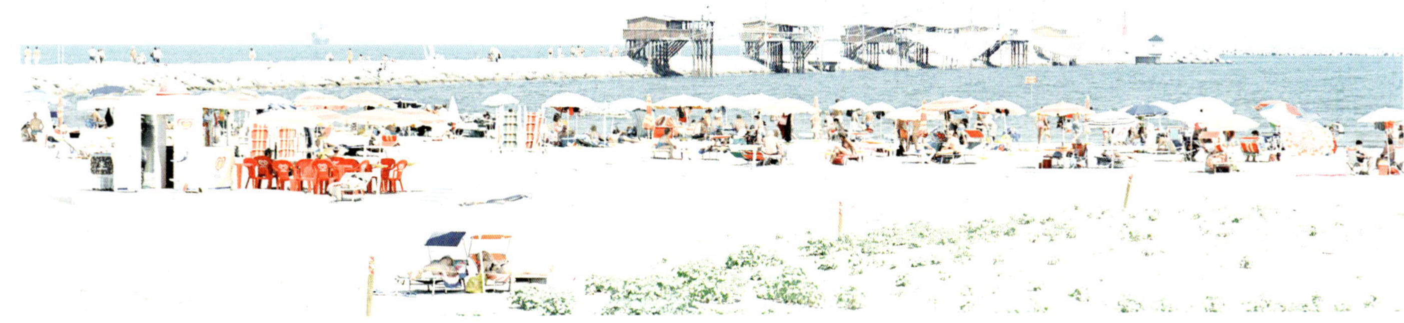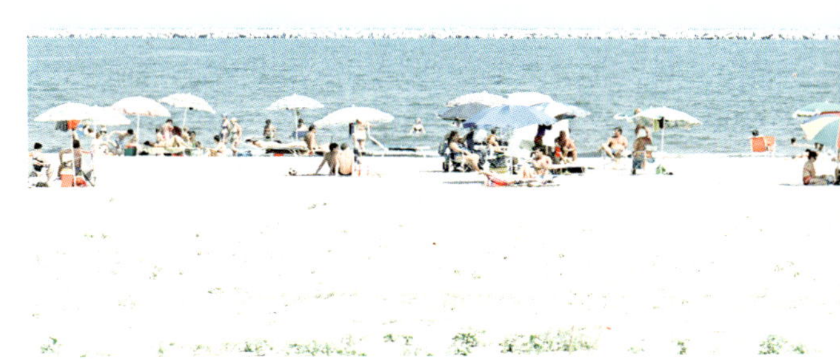

sovrapposizione

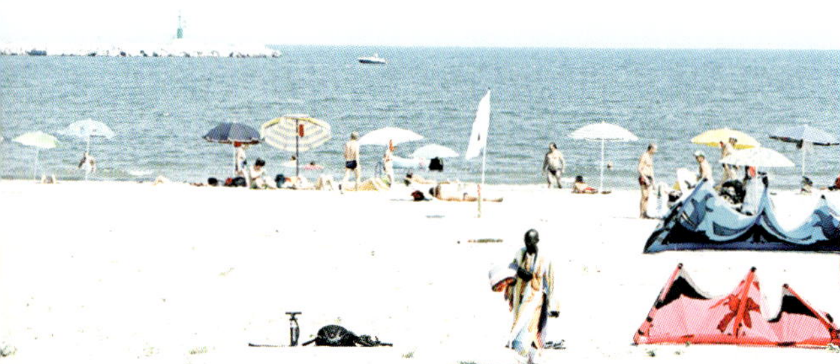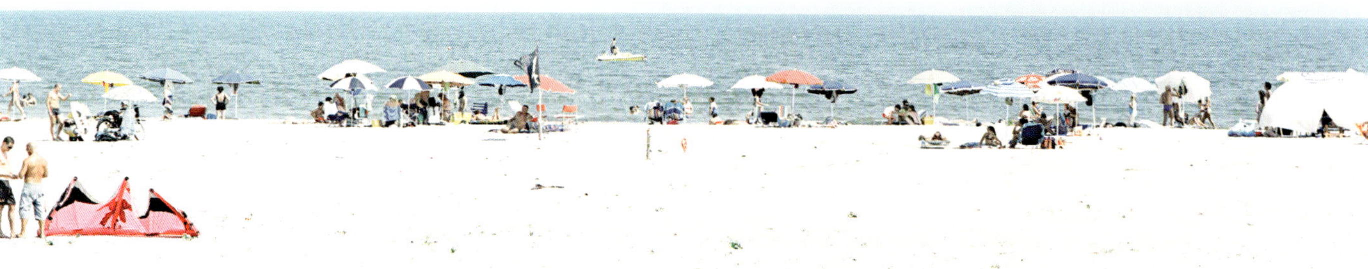

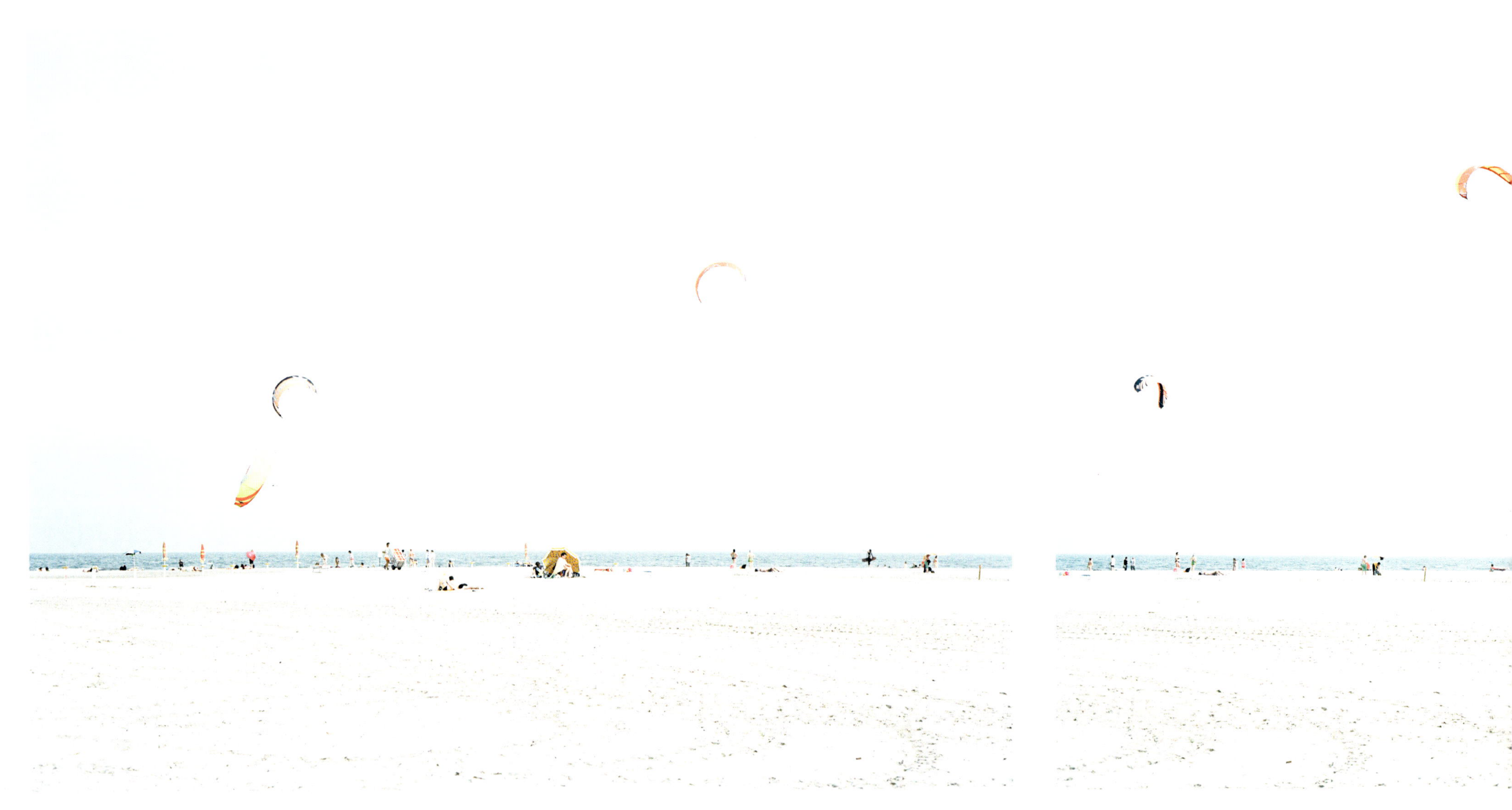

il paesaggio nasce nel pensiero

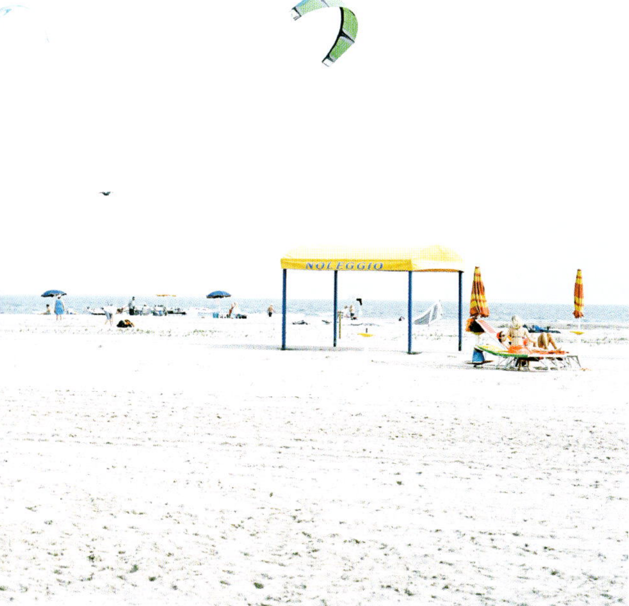
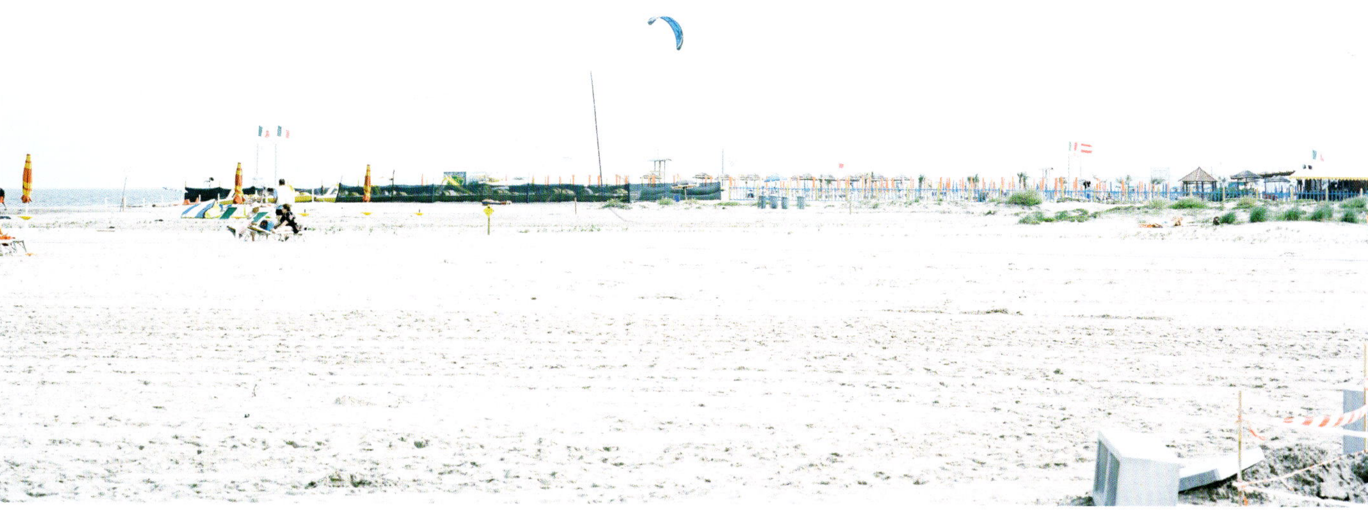

socio-environmental impact

wherever the visible exists the invisible will always exist too

landscape configurations

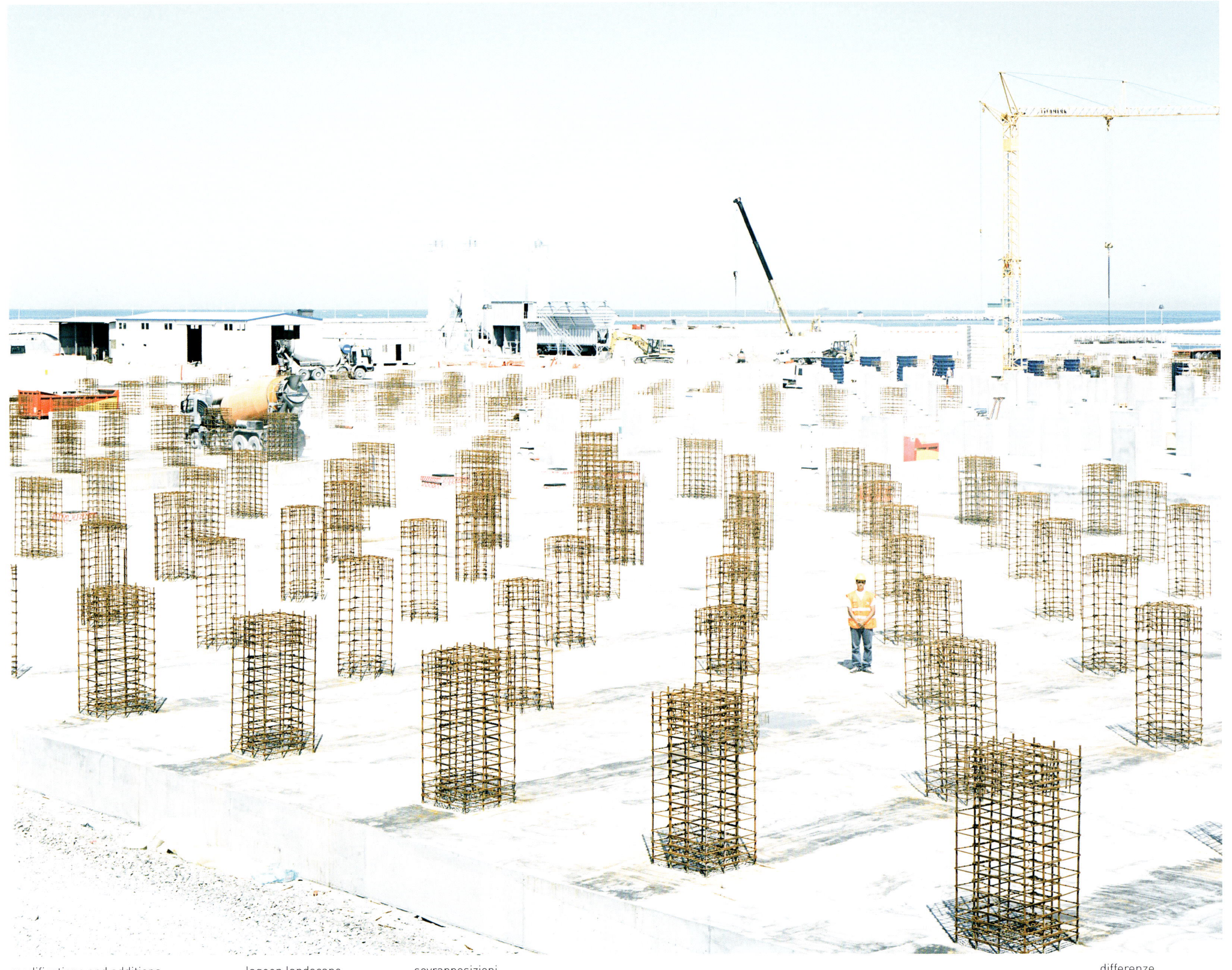

modifications and additions

lagoon landscape

sovrapposizioni

differenze

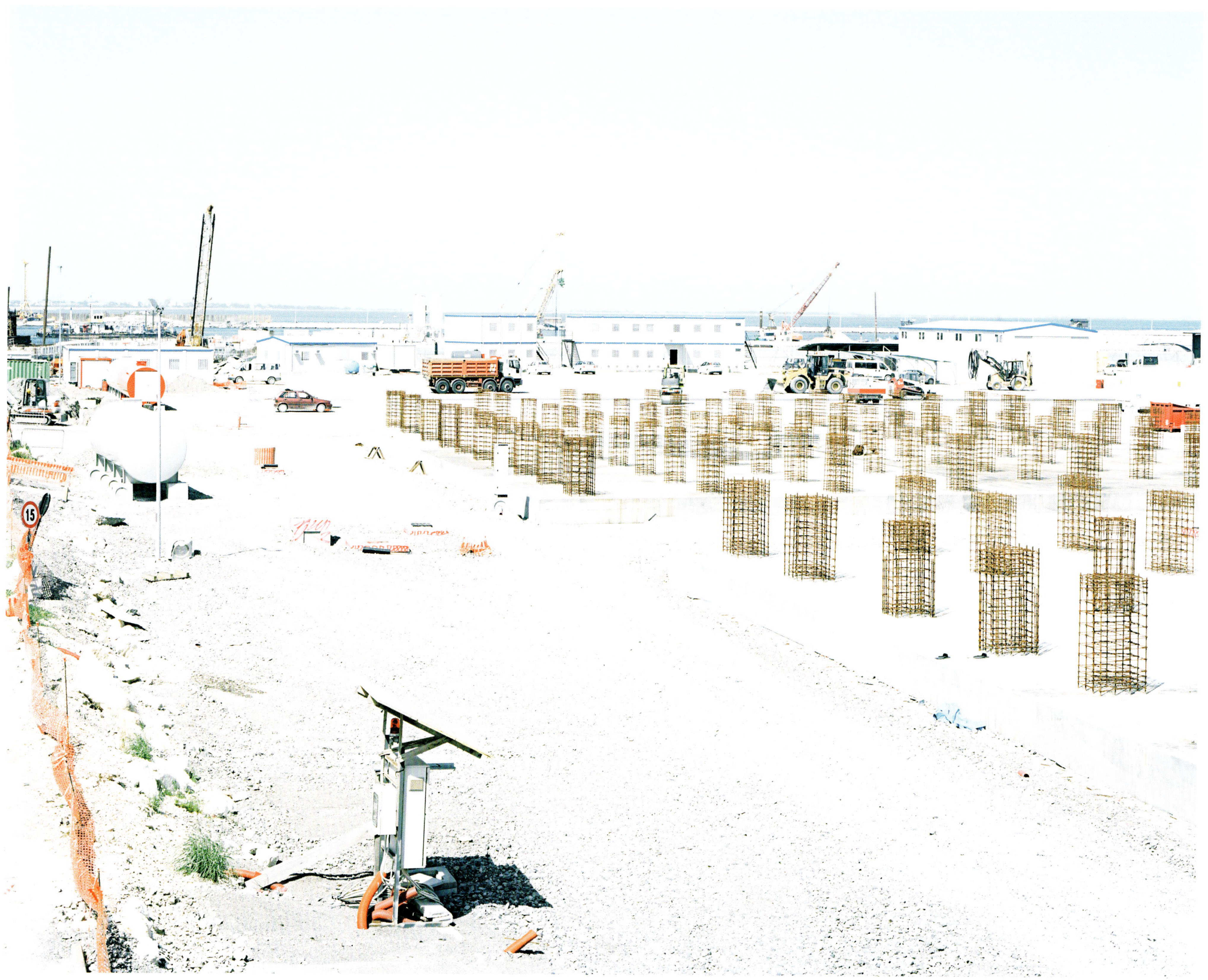

landscape as an image　　　　overlapping　　liberare l'immagine dai vincoli dell'immagine fissa　　　hypertrophy of concepts

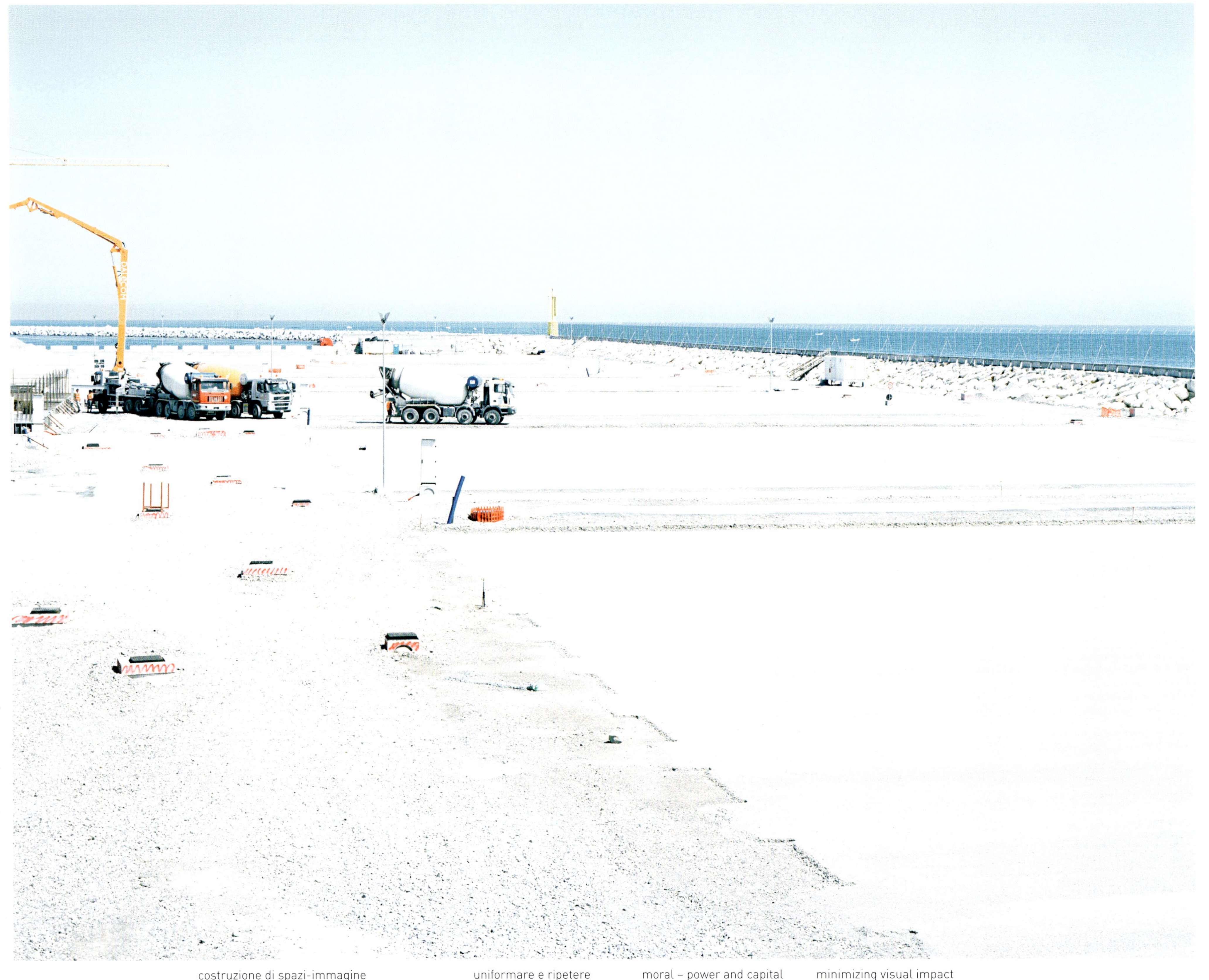

costruzione di spazi-immagine   uniformare e ripetere   moral – power and capital   minimizing visual impact

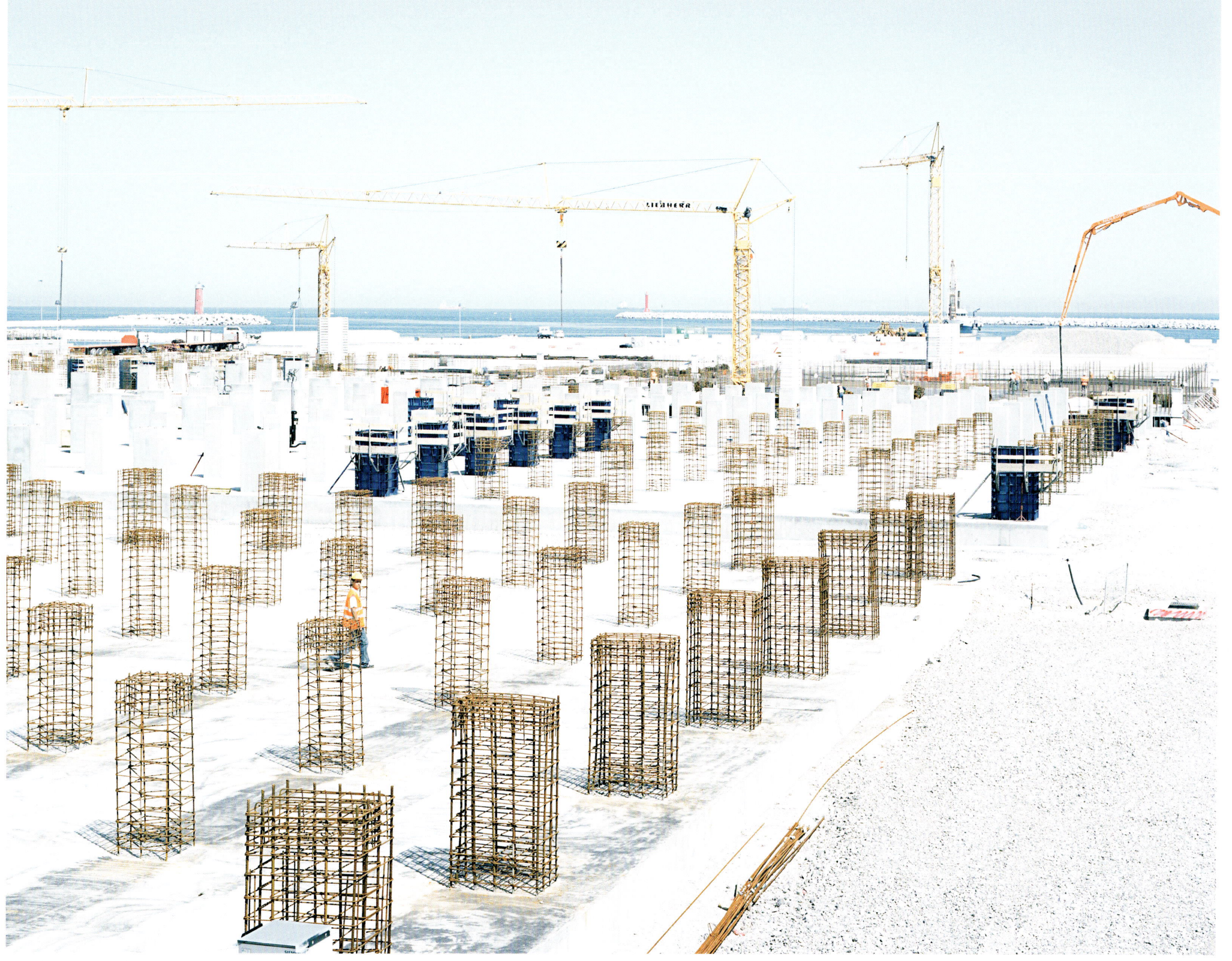

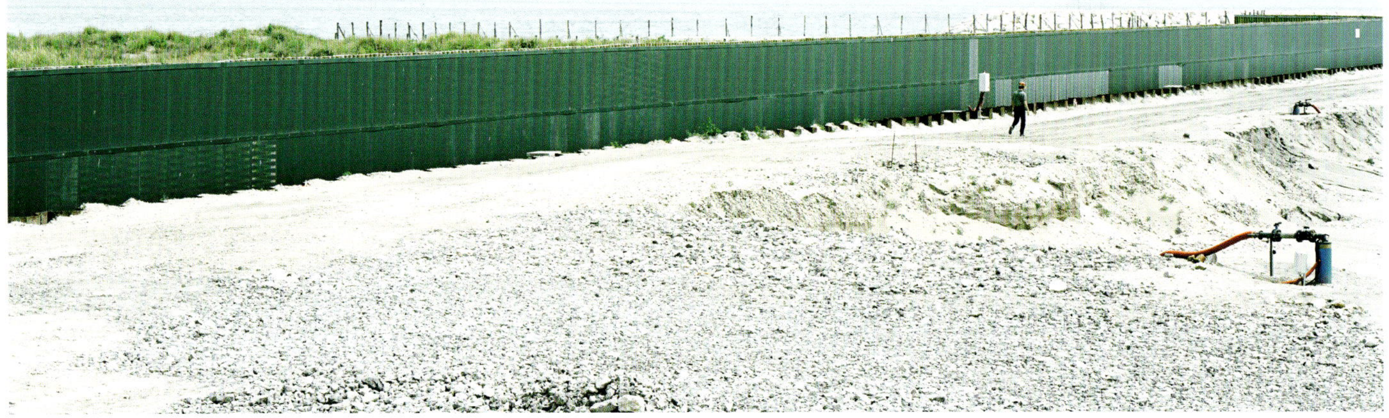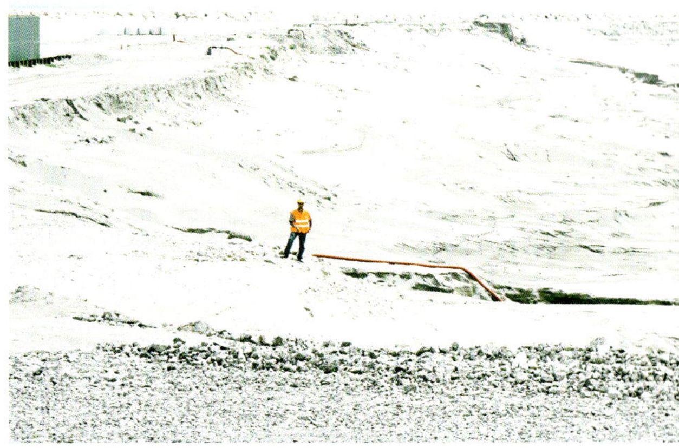

motivazioni geo-economiche   denominating the visible and transforming it   to free the image from the restrictions of the fixed image

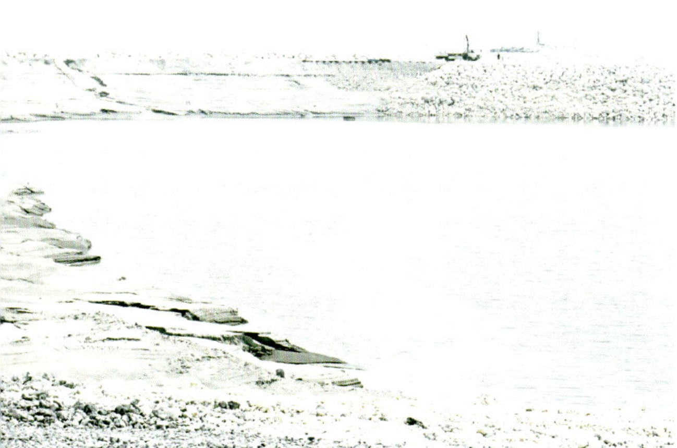

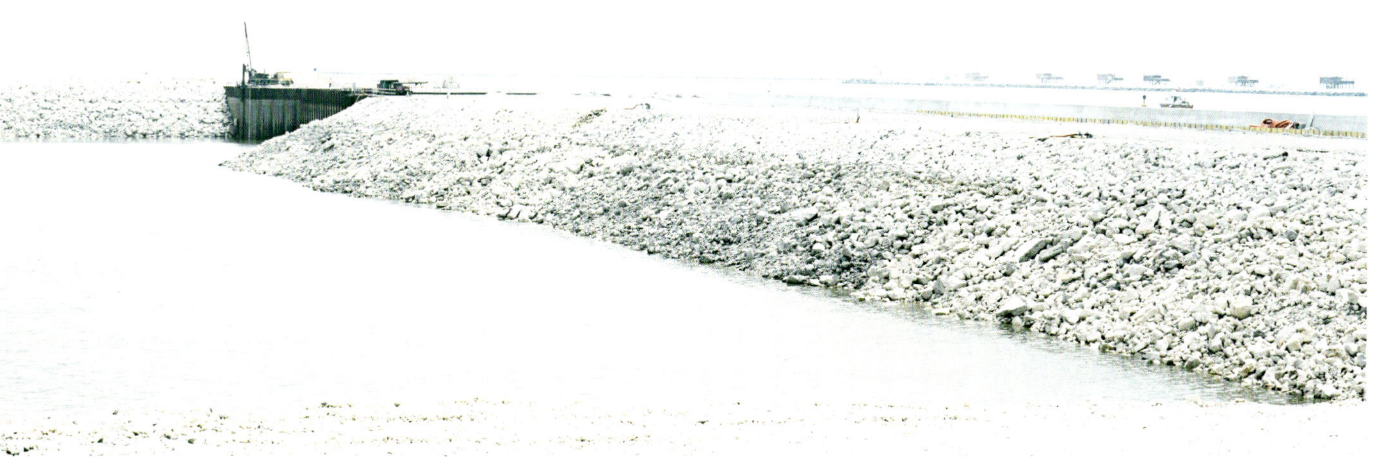

modello del consenso

nature as a work site

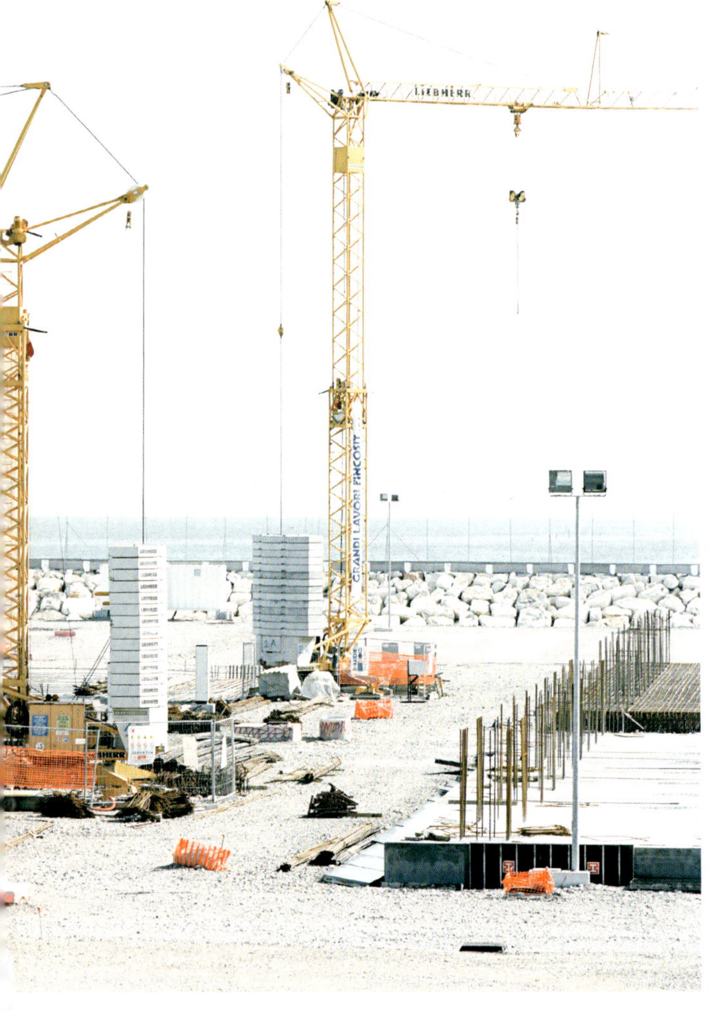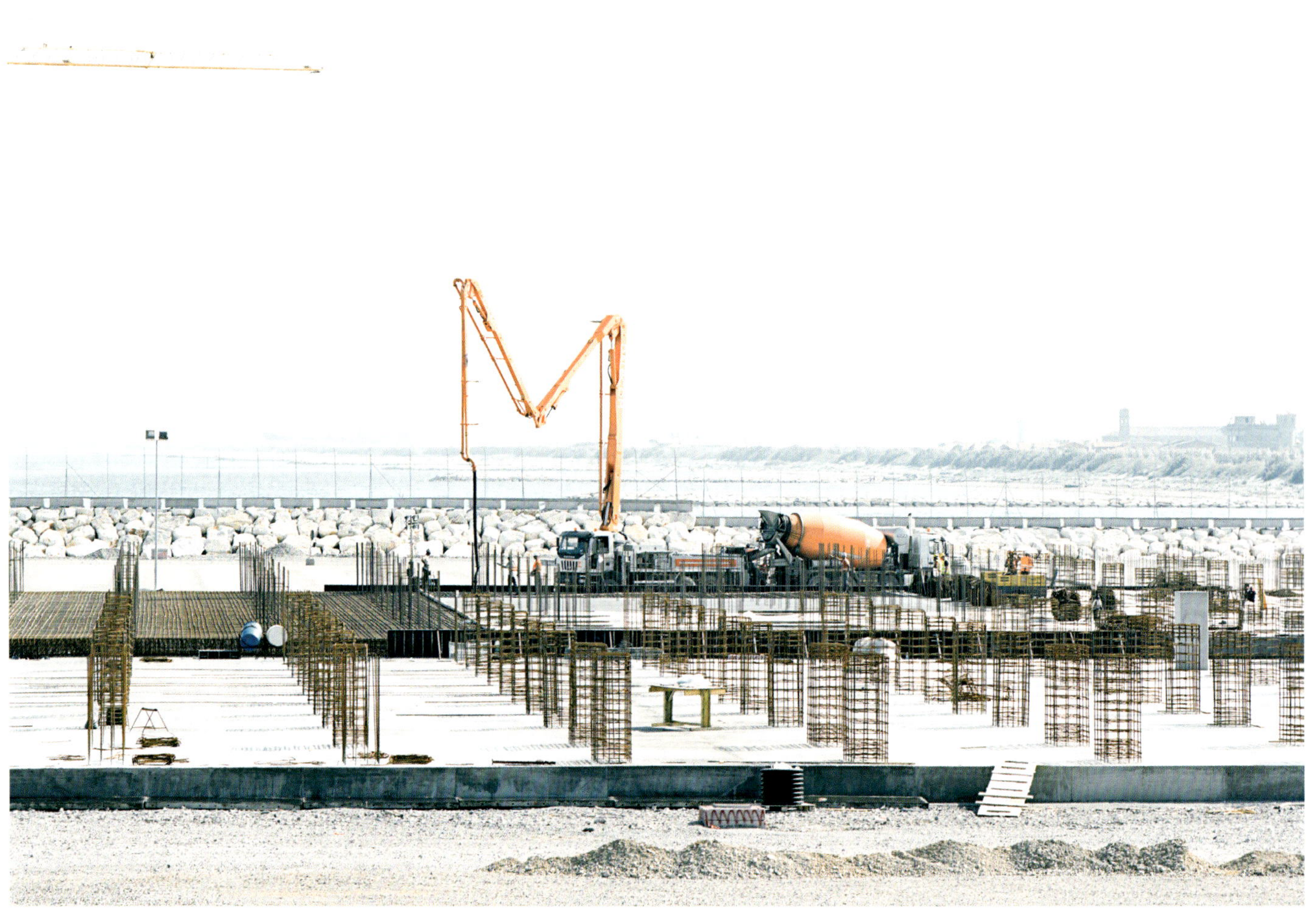

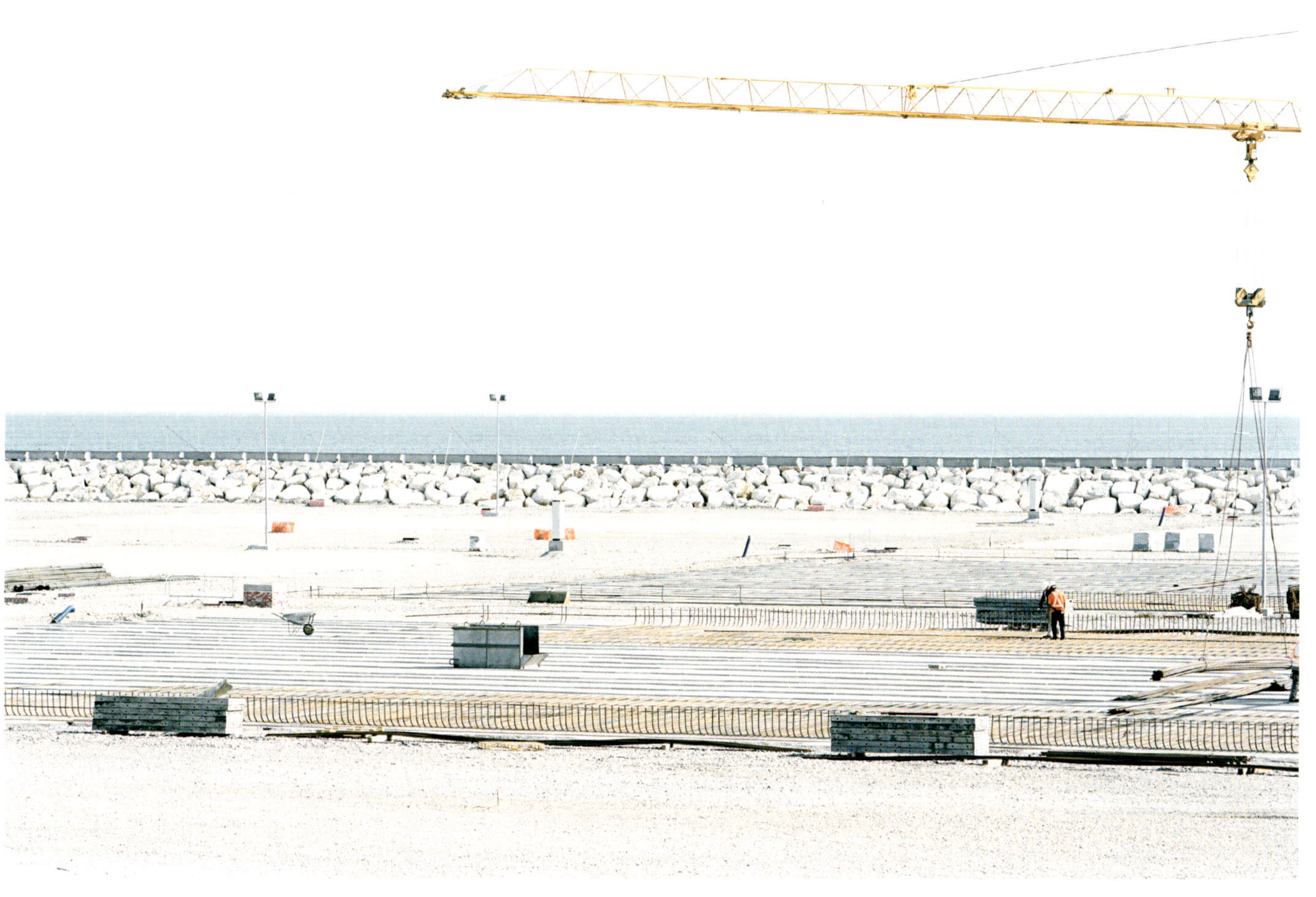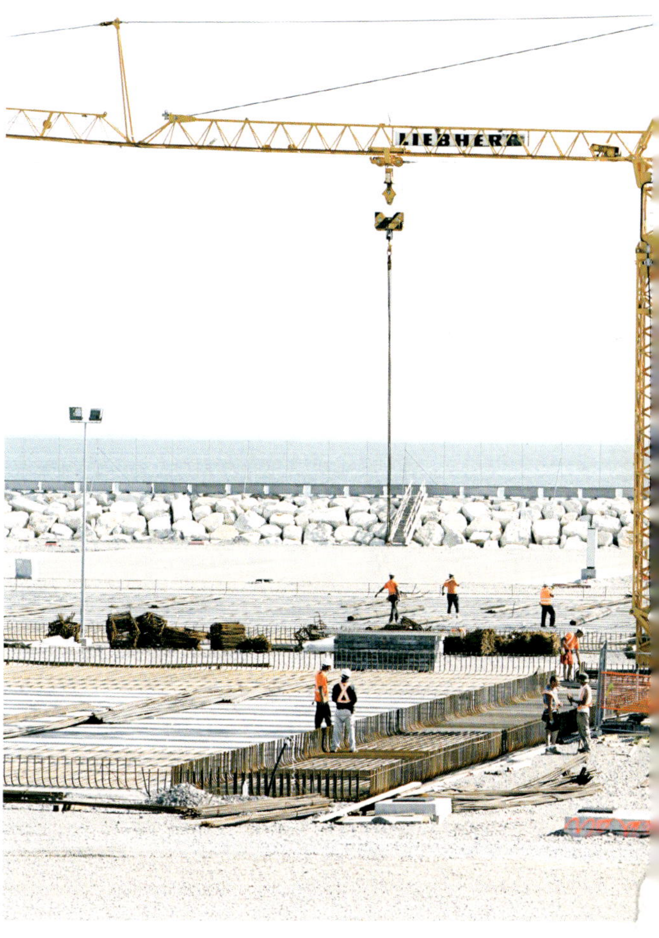

neoliberalism   landscape as a convention of perceiving and representing   limite della rappresentazione

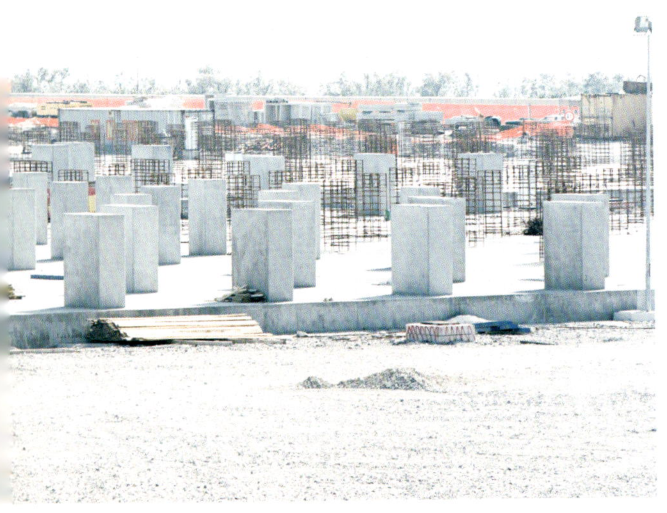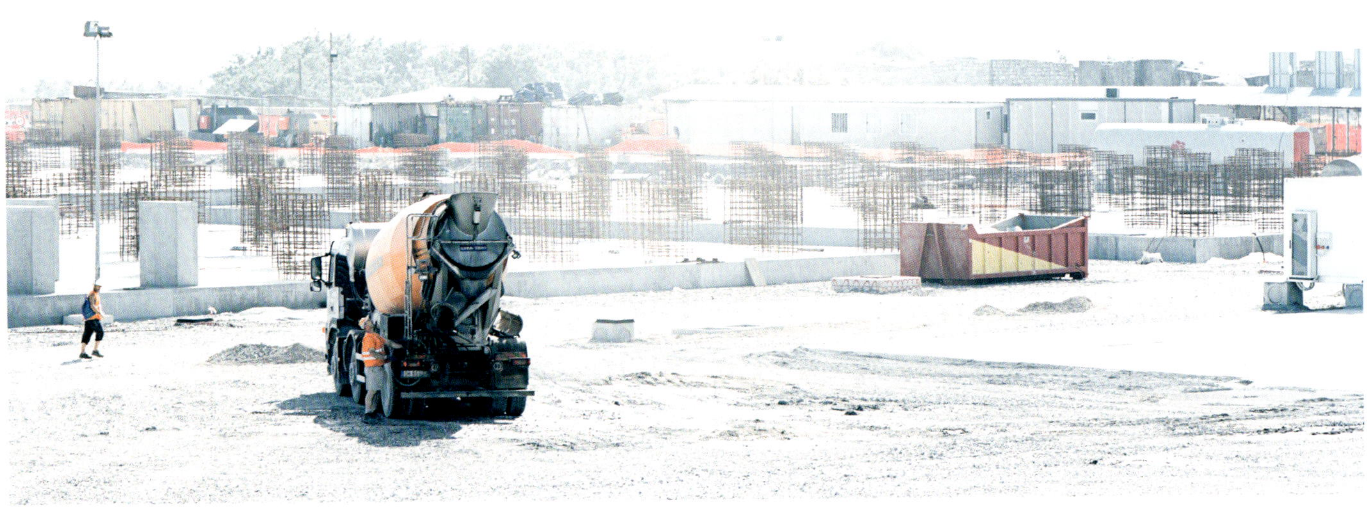

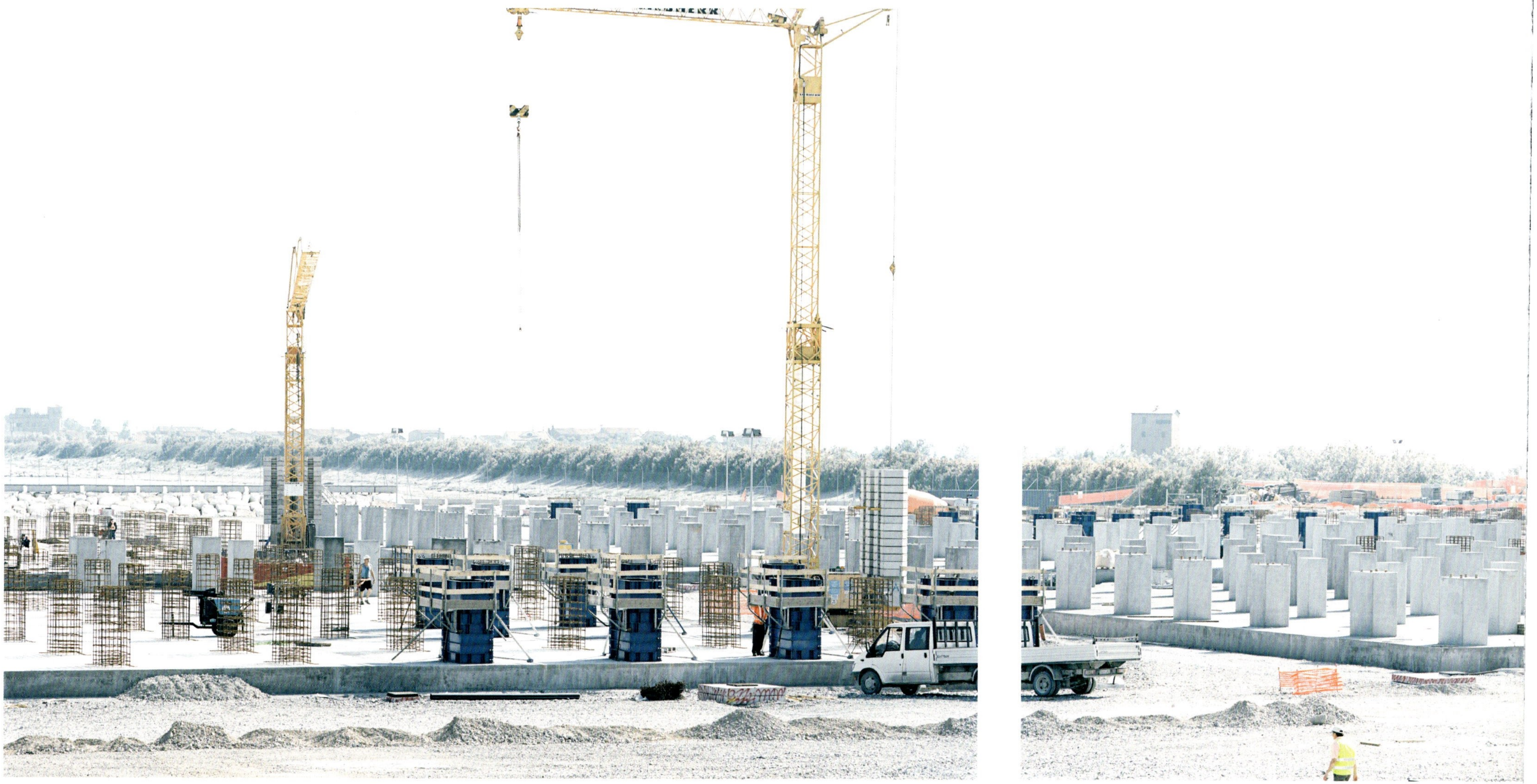

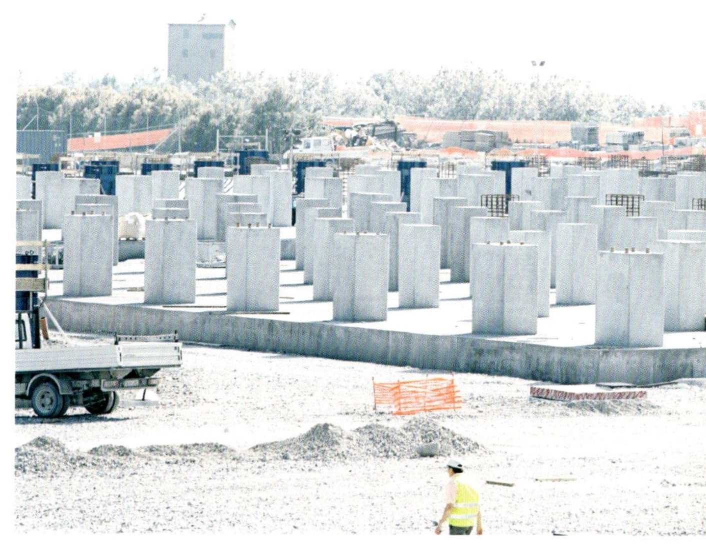

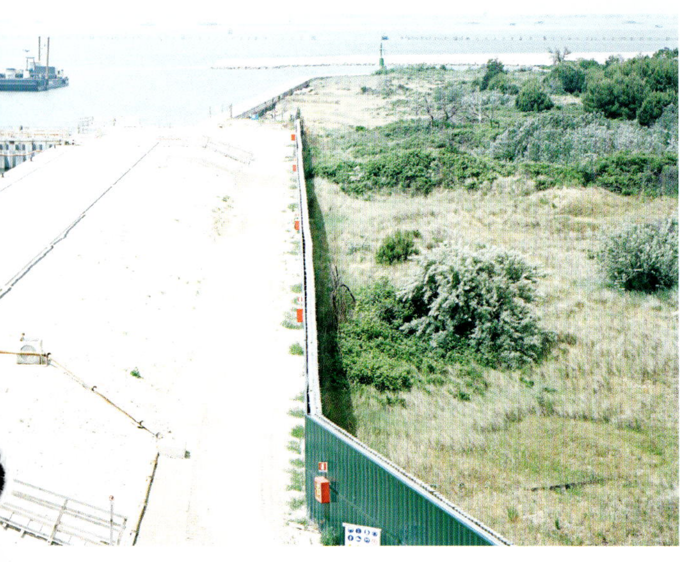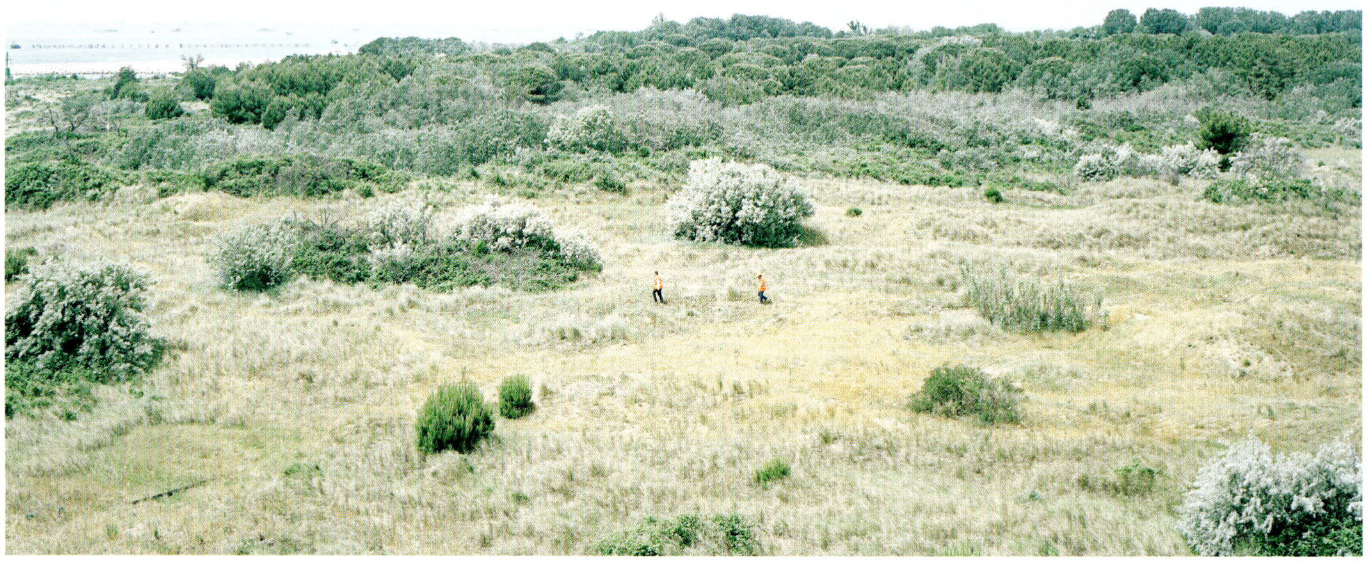

political aesthetics of the landscape   no interference in internal questions   increased responsibility   sostenibilità ambientale

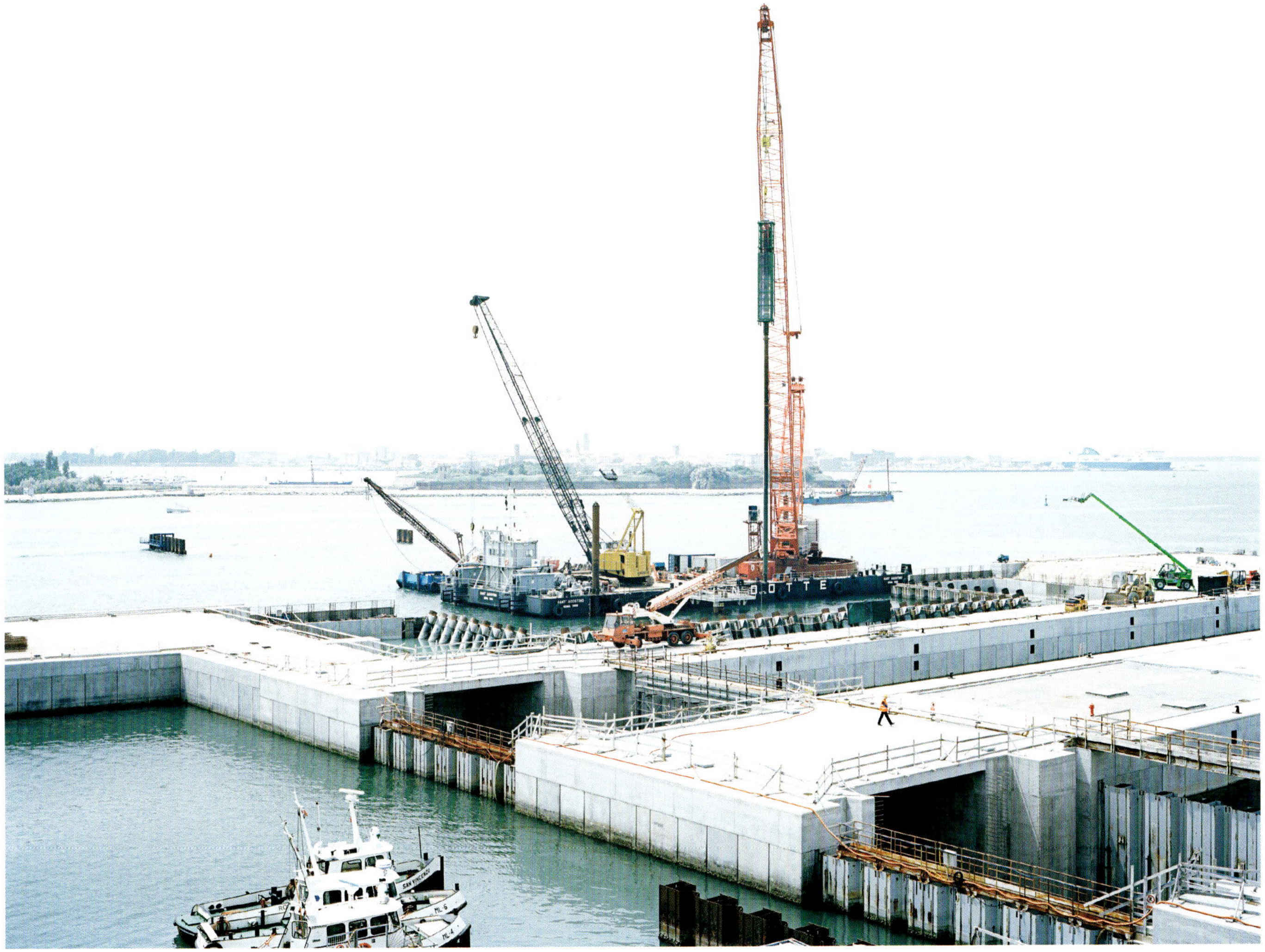

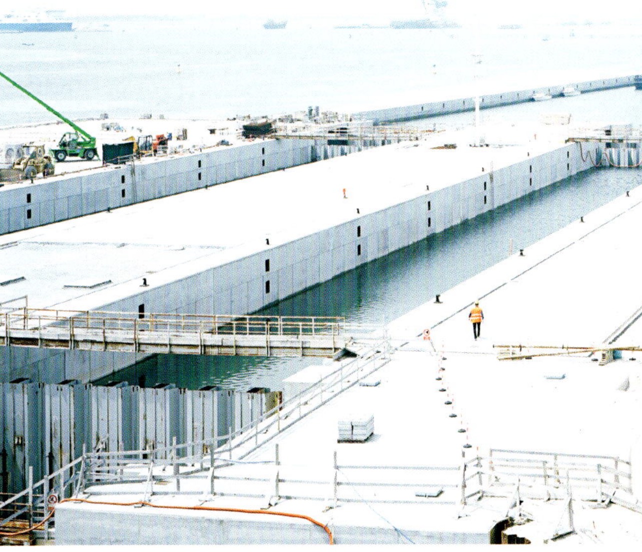

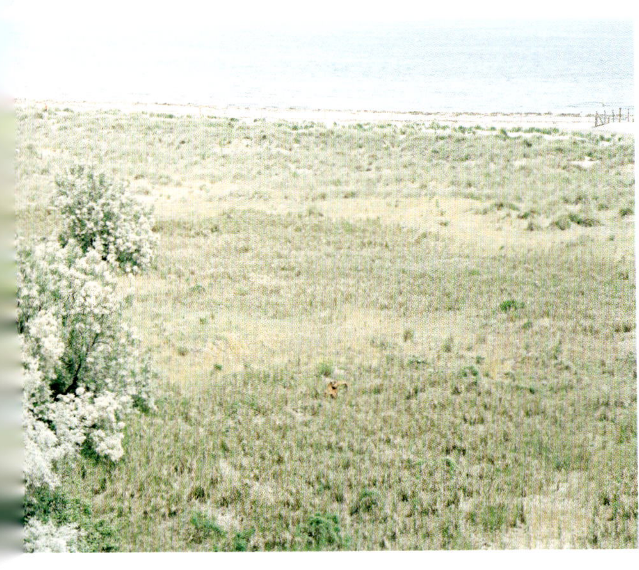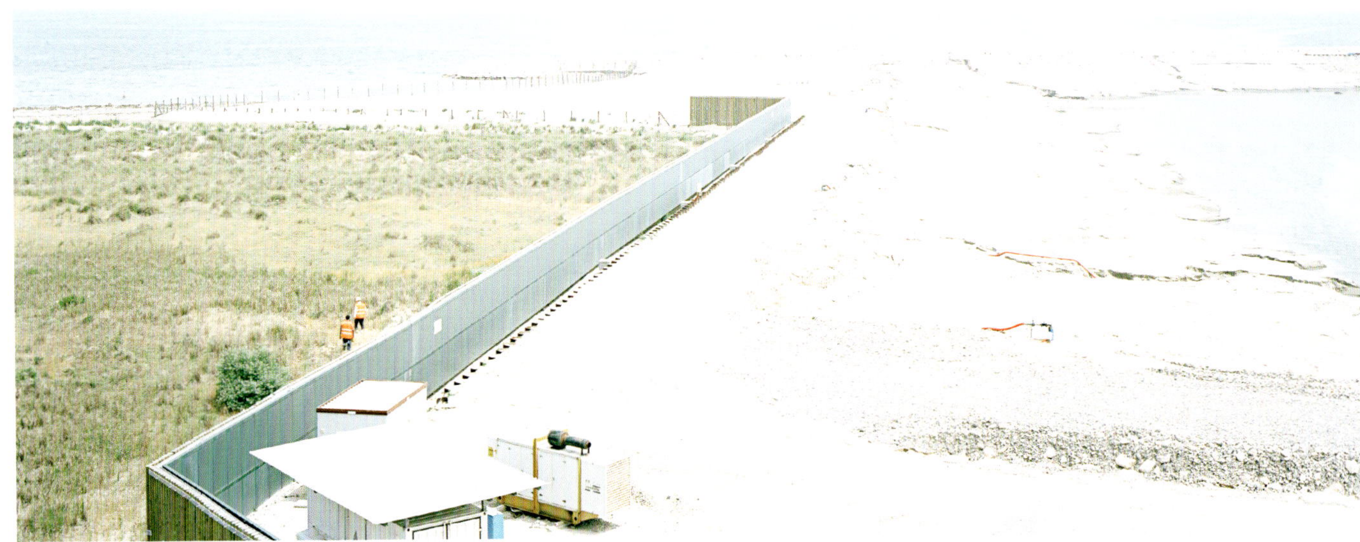

intercambiabilità

of outstanding importance

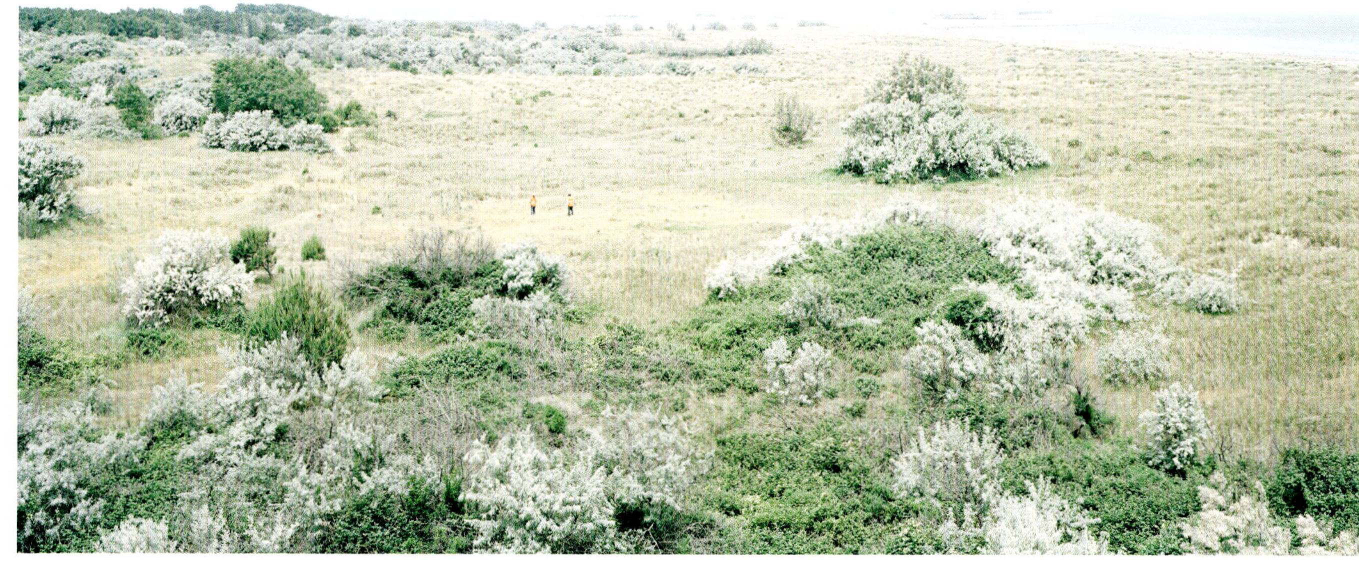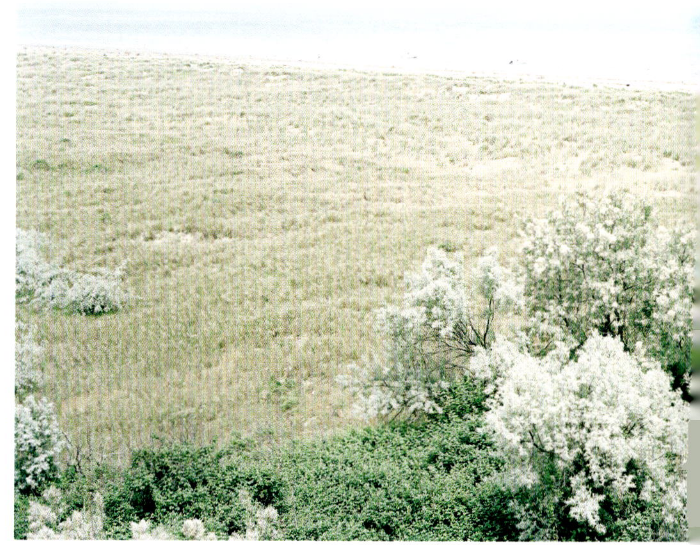

distinzione tra spazio naturale e artificiale   self-celebration of technological space

«Mostrare qualcosa alla vista significa sempre inquietare il vedere, nel suo atto, nel suo soggetto. Vedere è sempre un'operazione del soggetto, dunque un'operazione scissa, inquieta, agitata, aperta.»
Georges Didi-Huberman*

1. Questo volume raccoglie le fotografie realizzate da Walter Niedermayr nell'estate del 2008 nei cantieri del Mose alle bocche di porto, ma anche nel cordone litoraneo e in alcune delle isole interessate dagli interventi di salvaguardia del sistema Mose di Venezia.

L'autore è tornato dopo una decina d'anni a lavorare su un territorio connesso secondo relazioni di «eccezionale complessità»[1] con la città lagunare, percepito come paesaggio marginale dell'area veneziana e solitamente poco noto allo sguardo medio.

Fra Ottocento e Novecento, il sogno modernista di una «grande Venezia»[2] avrebbe fatto della città il centro propulsore di un ampio sistema metropolitano in cui tutte le aree dovevano essere collegate tramite la realizzazione di opere infrastrutturali, quali la stazione marittima, Porto Marghera e il ponte translagunare. Il progetto fallì nell'incapacità di costruire un quadro organico; la geografia dei luoghi periferici alla città restò nell'immaginario sostanzialmente frammentaria e spoglia di immagini identitarie.

Pittura e fotografia avevano dato inizio all'esplorazione della periferia e dell'ambiente naturale di Venezia a partire dalla metà dell'Ottocento (fra i primi: la pittura e le fotografie di Domenico Bresolin, le fotografie di Carlo Naya con le scene di genere e quelle sulle isole della laguna di Venezia di Ferdinando Ongania), proprio quando la città cominciava ad avere un carattere moderno, con le nuove costruzioni della ferrovia fra Venezia e la terraferma e dei ponti di ferro in città. Tuttavia, le successive sperimentazioni figurative moderniste non scalfirono la durevole iconografia tradizionale, la quale rimase ancorata al carattere storico e al mito, alle necessità del mercato turistico e alla diffusione di stereotipi visivi. A questa idea visiva della città non si integreranno mai del tutto le immagini del vasto ambiente circostante sia esso naturale, sia esso costruito.

Negli ultimi trent'anni, ad attirare lo sguardo dei fotografi contemporanei italiani sulle aree marginali delle città, sui paesaggi minori, industriali, in dismissione e, più recentemente, sui paesaggi in costruzione e nei cantieri, è stata fondamentale la necessità di elaborare un *modus operandi* basato sulla ricerca delle possibilità percettive offerte dalla fotografia. Ma, allo stesso tempo, è stato necessario liberare la fotografia dal compito, che le è tradizionalmente assegnato, di una descrizione documentaria — cioè validamente oggettiva — degli oggetti, dei luoghi e del paesaggio.

"Bringing something into sight always means disturbing seeing, in its act, in its subject. Seeing is always a subjective process, thus a split, uneasy, restless, open process."
Georges Didi-Huberman*

1. This volume collects the photographs taken by Walter Niedermayr in Venice in the summer of 2008 at the Mose work sites in the lagoon inlets, as well as on the coastal strip and some of the islands affected by the system intended to safeguard the Venetian lagoon.

The photographer returned here after about ten years to work on a territory bound to the lagoon city by relationships of "exceptional complexity,"[1] a landscape that is perceived as marginal in the Venetian area and one that is not usually very well known to the middlebrow gaze.

Between the nineteenth and the twentieth centuries, the modernist dream of a *grande Venezia*[2] was to have made the city the propulsive center of a broad metropolitan system in which all of the areas had to be connected through the realization of infrastructures, such as the maritime station, Porto Marghera, and the bridge across the lagoon. The project failed in its inability to build an organic framework; in the collective imagination, the geography of the places on the outskirts of the city remained substantially fragmentary and devoid of identitarian images.

Painting and photography had started exploring the outlying areas and the natural environs of Venice in the mid-nineteenth century (among the first: Domenico Bresolin's paintings and photographs, Carlo Naya's photographs of genre scenes, and Ferdinando Ongania's photographs of the islands in the Venice lagoon), just when the first signs of modernity were becoming evident, with the new railway structures connecting Venice to the mainland and the city's iron bridges. But the modernist figurative experiments that followed did not manage to graze the surface of the enduring conventional iconography, which remained bound to historical character and to myth, to the needs of the tourist market, and to the diffusion of visual stereotypes. The images of the vast surrounding environment, be it natural or built, would never be completely integrated with this visual idea of the city.

Over the last thirty years, the need to develop a *modus operandi* grounded in seeking out the perceptual possibilities of photography has been fundamental in drawing the attention of contemporary Italian photographers to the city's marginal areas, to its lesser known, industrial, abandoned landscapes, and, more recently, to the landscapes and work sites where construction is underway. At the same time, however, photography has had to be freed from the task it is usually

L'interesse della fotografia per l'opera ingegneristica e tecnologica ha origine nella celebrazione tipica del positivismo per i nuovi monumenti della modernità. Da un interesse specifico per l'oggetto, l'indagine fotografica ha nel tempo moltiplicato e differenziato i propri obbiettivi: da un lato, si è sempre più concentrata nella zona d'ombra che la grande opera d'ingegneria getta sul territorio, con lo scopo di comprenderne le relazioni o semplicemente mostrarle; dall'altro lato, ha contemporaneamente iniziato a riflettere su di sé, indagando il proprio statuto ontologico e interrogando l'immagine fotografica.

L'atto di «mostrare qualcosa alla vista» (Didi-Huberman) è diventato carico dell'inquieta consapevolezza che il dato visivo non è mai stabile, né univoco, nel rimandare al significato. Il mostrare semplicemente cosa si staglia all'ombra del manufatto, ha assunto di fatto un valore performativo legato all'azione del mostrare in sé, che rifugge l'illusione di una descrizione cogente, alla quale la macchina fotografica non può mai — in senso stretto — sottrarsi.

Simboli della modernità e di una nascente geopolitica della circolazione di merci, di uomini e di idee, fotografia e opere infrastrutturali sembrano far scaturire una tensione fra qui e l'altrove, facendo intravedere altre possibilità in una tacita promessa. La fotografia promette sempre realtà[3] nel momento in cui è percepita aderente al referente, ma è una realtà che si basa su un momento singolare, irripetibile; concerne sempre il particolare e non può comprendere il generale. L'infrastruttura è una realtà fisica che promette il futuro fra «qui e l'altrove, fra visibile e invisibile».[4] Mentre l'apparenza della fotografia si dispone nella tensione irrisolta fra il presente e il passato, la materialità dell'infrastruttura è protesa verso quello che appena più in là — nello spazio e nel tempo — apparirà.

2. Quali possibilità ha il fotografo di materializzare nell'immagine fotografica la qualità mutevole della sua realtà interiore, se la fotografia è chiamata a riflettere la realtà esterna fino a rendere il suo atto interpretativo trasparente alla nostra lettura?
In quella piega fra l'impressione e l'espressione ha luogo lo statuto ambiguo della fotografia, lì dove il reale ritorna sempre, affiorando sulla superficie fotografica come viva materialità di quello che l'autore ha visto in un dato momento. La fotografia ci persuade che sta mostrando null'altro che fatti concreti, documenti che non contengono latenze; facendoci scordare che l'immagine stessa costituisce un fatto e che la sua profondità è celata dalla bidimensionalità. La sua vera essenza è tutta in quella *profondità della superficie* che resiste ai nostri sguardi.
Lo statuto ontologico della fotografia, fra scienza e arte, svela ancora una piega, lì dove ha luogo il *phantasieren* freudiano: quell'espressione dell'inconscio

assigned, from a documentary — which is to say, validly objective — description of objects, places, and the landscape.
Photography's interest in engineering and technological works grew out of positivism's typical celebration of the new monuments of modernity. Over time, however, photographic inquiry has moved beyond a specific interest in the object, multiplying and differentiating its objectives: on the one hand, it has concentrated more and more on the shadow area that engineering's *grands travaux* cast on the territory, attempting to understand or simply show these relationships; on the other, it is has simultaneously begun to reflect upon itself, to investigate its own ontological status and to question the photographic image itself.
The act of "bringing something into sight" (Didi-Huberman) has become charged with the uneasy awareness that visual data is never stable, nor univocal, in drawing out meaning. Merely bringing out what is silhouetted in the shadow of a structure has taken on a performative value bound to the action itself of bringing out, which shuns the illusion of a cogent description from which the camera can never — in the strict sense — escape.
As symbols of modernity and of a nascent geopolitics of the circulation of goods, men, and ideas, photography and infrastructures seem to set off a tension between here and somewhere else, making it possible to glimpse other possibilities in tacit promise. From the moment in which photography is perceived to adhere to the subject, it always promises reality,[3] but it is a reality that is based on a unique, unrepeatable moment; it is always about detail and cannot incorporate the general. An infrastructure is a physical reality that promises the future between "here and elsewhere, between visible and invisible"[4] While photography's appearance places itself in the unresolved tension between the past and the present, the infrastructure's materiality reaches out toward that which just a little further on — in space and in time — will come into sight.

2. If photography is called upon to mirror exterior reality to the point of making its interpretative act transparent to us, how can the photographer materialize the variable nature of his/her own interior reality in the photographic image?
Photography's ambiguous status finds its place in that fold between impression and expression, where reality always comes back, emerging on the photographic surface like the live materiality of what the author saw in a given moment. Photography persuades us that it shows us nothing but concrete facts, documents that do not include latencies; making us forget that the image itself is a fact and that its depth is hidden by its two-dimensionality. Its real essence lies entirely in the *surface depth* that resists our gaze.

che trova la sua forma fra le «fantasie scientifiche» e l'«immaginazione creativa». L'immaginazione scientifica che ne deriva conduce incessantemente a una dualità, dialettica, senza posa: quella dello «speculare» (*spekulieren*) e del «fantasticare» (*phantasieren*)[5]. Speculare nella sua etimologia latina (*speculari*) rimanda a verbi specifici della conoscenza scientifica (testualmente 'osservare', 'esaminare'), ma anche a quelli dell'esperienza soggettiva del fare artistico tutto concentrato nel 'guardare'. La distinzione non sarà inutile per sottolineare come il codice della fotografia sia sempre teso, irrisolto e necessariamente inquieto fra le necessità dell'osservare ed esaminare, e quelle del guardare e del mostrare, intese come una sorta di preludio all'atto di nominare. Il guardare è una necessità che intreccia il destino dell'artista con quello del visibile; è quella famosa "ineluttabile modalità del visibile" che Joyce usa come immagine nell'*Ulisse* per la passeggiata di Stephen sulla spiaggia.

Quando sulla scena borghese si affacciò la fotografia stereoscopica, la possibilità di esperire la profondità dell'immagine fotografica divenne subito una metafora ben più ampia delle capacità di immaginare diversamente il mondo attraverso la superficie di sali d'argento. Secondo Oliver Wendell Holmes la fotografia aveva semplicemente prelevato dalla realtà la pelle delle cose riducendole in abbandonate carcasse inutili.[6] Oltre un secolo dopo, Gregory Bateson ci ricorda che l'essenza della visione binoculare non è meramente riducibile alla terza dimensione, poiché la sua natura di «doppia descrizione» della realtà (e non di una descrizione semplicemente sdoppiata) ci conduce alla metafora di una necessaria «maggiore profondità»:[7] la pelle strappata dalle cose del mondo reclama uno sguardo che sappia agire in una distanza verticale.

Il fotografo non può allora che ricucire il velo strappato dalla realtà con fili sottili in grado di tenere gli elementi saldi sulla superficie dell'immagine fotografica, dove la resistenza alla visione in profondità è massima. In questa bidimensionalità tutto è illusione: inganno del reale e del suo spazio; allucinazione conoscitiva di una cultura che nel codice della prospettiva ha basato il suo maggiore simbolismo.

3. Le immagini di Niedermayr si caratterizzano per l'uso di una luce abbacinante che rende evanescente lo spazio. Gli oggetti disposti nella tavola fotografica vengono lasciati fluttuare nel chiarore, che allenta i loro riferimenti spaziali. Sembrano suggerire la probabilità di liberarsi nello spazio e stemperare il presupposto della costruzione prospettica, ovvero la possibilità di descrivere gli oggetti, collocati nello spazio, con un modello geometrico-matematico.

Da molti anni l'autore presenta il suo lavoro montando le fotografie in coppie o in numero superiore, secondo diverse strategie: in campo e controcampo; oppure in

Cast between science and art, photography's ontological status reveals yet another fold, there where we find the Freudian *phantasieren*, the unconscious expression that takes shape between "scientific fantasies" and "creative imagination." The scientific imagining that comes out of it leads incessantly to a duality, to a dialectic, without pose: that of the *spekulieren* ("to speculate") and of the *phantasieren* ("day dream")[5]. In its Latin etymology, *speculari* refers to specific verbs of scientific knowledge (precisely, 'to observe,' 'to examine'), as well as the subjective experience of the artistic craft completely focused on 'looking.' This distinction will be useful in emphasizing how photography's code is always strained, unresolved, and necessarily uneasy between the need to observe and to examine, between looking and bringing out, understood as a sort of prelude to the act of naming. Looking is a need that intertwines the artist's destiny with that of the visible; it is the famous "ineluctable modality of the visible" that Joyce uses as an image for Stephen's walk on the beach in *Ulysses*.

When stereoscopic photography appeared on the bourgeois scene, the possibility of exploring the photograph's depth immediately became a much broader metaphor for the ability to imagine the world in a different way through the surfaces of the silver salts. According to Oliver Wendell Holmes photography had simply taken the skin off real things reducing them into useless carcasses.[6] More than a century later, Gregory Bateson reminded us that the essence of binocular vision is not merely reducible to the third dimension, because its nature as a «double description" of reality (and not of a description that is simply doubled) leads us to the metaphor of a necessary "greater depth":[7] the skin pulled off of the things of the world reclaims a gaze that knows how to act in a vertical distance.

The photographer cannot do anything but restitch the veil that has been ripped off reality, with thin threads that can keep the elements firmly on the surface of the photographic image, where resistance to in-depth vision is the greatest. In this two-dimensionality, everything is illusion: deception of what is real and its space; cognitive hallucination of a culture that has based its greatest symbolism on the laws of perspective.

3. Niedermayr's images are characterized by the use of a dazzling light that renders the space evanescent. The objects placed on the 'photographic' drawing board are left to fluctuate in the glimmer, which relaxes their spatial references. They seem to suggest the probability of breaking free in space and dissolving the presupposition of perspectival construction or, rather, the possibility of describing the objects, collocated in space, through a geometrical-mathematical model. For many years now Niedermayr has presented his work by mounting photographs

una sequenza di due o più immagini che si presenta come una sorta di panorama coerente, nel quale tuttavia il meccanismo della collimazione del bordo delle fotografie è scardinato. Il bordo si offre aperto, dinamico, variabile, con mutamenti di direzione che registrano lo spostamento fisico del fotografo, il quale sullo stesso soggetto ha eseguito due scatti da differenti punti di vista, che attivano la nostra prima attenzione richiedendoci di 'osservare' e 'guardare' ancora.

Nell'arte delle avanguardie e del post-modernismo, Hal Foster ha indicato la rilevanza che, come strategia figurativa e concettuale, ha avuto la nozione di parallasse[8], la quale testualmente significa lo spostamento angolare di un oggetto quando viene osservato da due punti di vista, che implicano lo spostamento dell'osservatore. In questa nozione, il riflesso della posizione dell'osservatore nell'opera d'arte è una questione nodale. Essa ci narra contemporaneamente della sequenzialità spazio-temporale dei punti di vista dell'artista, ma allo stesso tempo anche di quella dell'osservatore; relativizza cioè l'opera e quello che vediamo, sollecitando una risposta esperienziale nei confronti dell'opera stessa. Oltre a ciò, la posizione dell'osservatore è tema centrale anche nella definizione di «azione differita» in Freud, per la quale la ricostruzione di un evento traumatico si realizza solo in un'azione (e pertanto in una posizione) successiva che lo recupera retrospettivamente.

In questo volume le fotografie montate in dittici o serie superiori sono riconosciute somiglianti in relazione alla loro prossimità: una qualità che suggerisce all'osservatore la percezione di un'unità composta dalle singole immagini, delle quali viene preservata l'autonomia. Tuttavia, la non perfetta sovrapponibilità degli oggetti e delle forme ai bordi e le linee d'orizzonte che non collimano aprendosi o chiudendosi per effetto della parallasse, permetterà di riconoscere le differenze fra le «due descrizioni» con recuperi successivi, con azioni differite dello sguardo che così elaborerà diversamente le fotografie in un'immagine mentale. Si tratta di un'immagine mentale *eidetica*, così come intesa nell'accezione batesiana, che pur presentando caratteristiche simili all'oggetto osservato, non è necessariamente somigliante. Scalzato il problema dell'analogia e teorizzato uno spostamento fra le forme esteriori, il perno centrale dell'immagine mentale non sarebbe che l'esperienza personale della sua elaborazione.

Con queste strategie di montaggio, le fotografie giustapposte in contiguità presentano bordi particolari attivi, niente affatto statici, cesure instabili dove la somiglianza è attirata e dove precipita. Il bordo è un tratto specifico della fotografia e della sua critica e si può sostenere che in molti artisti sia diventato il vero centro di attenzione e di attività. Lo slittamento dall'importanza del centro al bordo dell'opera è stato considerato da Clement Greenberg[9] come un'esperienza rile-

in pairs or longer sequences based on various strategies: in the field of vision or out of the field of vision; or in a sequence of two of more images that creates a sort of coherent panorama, in which the collimation mechanism of the photographs' edge is nevertheless undermined. The border is open, dynamic, and variable, with changes of directions that record the physical movement of the photographer, who has taken two shots of the same subject from different points of view, capturing our attention and requiring us to 'observe' and 'look' again.

Hal Foster pointed out the importance of the notion of parallax[8] as a figurative and conceptual strategy in avant-garde and postmodernist art; the notion of parallax referring, precisely, to the angular movement of an object when it is observed from two points of view that imply the viewer's movement. In this notion, the reflection of the viewer's position in the work of art is a nodal question. At one and the same time, it tells us of the space-temporal sequentiality of both the artist's and the viewer's point of view; it makes the work and what we see relative, soliciting an experiential response in the face of the work itself. The viewer's position is also crucial in Freud's definition of the "deferred action," in which the reconstruction of a traumatic event only materializes in a successive action (and thus in a position) that retrieves it retrospectively.

In this volume the photographs mounted in diptychs or series of more than two pictures are recognized as similar in relation to their proximity: a quality that gives the viewer the perception of a unit made up of single images whose autonomy has been preserved. Nonetheless, the imperfect overlayering of the objects and of the forms at the edges, and the horizon lines that do not coincide, opening or closing because of the parallax, makes it possible to recognize the differences between the "two descriptions" through successive retrievals, through deferred actions of the gaze that therein elaborate the photographs differently in a mental image. It is an *eidetic* mental image, understood in Batesonian terms, which, while having characteristics that are similar to the object observed, is not necessarily similar. Getting beyond the problem of analogy and theorizing a shift between the exterior forms, the linchpin of the mental image would be nothing other than the personal experience of its making.

With these mounting strategies, the photographs juxtaposed in contiguity have particularly active — not at all static — edges that are instable hiatuses in which the resemblance is drawn and where it perceived. The edge is a specific trait of photography and its criticism, and it can be held that, for many artists, it has become the real focus of attention and activity. Clement Greenberg[9] saw the shift of importance from the center to the edge as an essential experience of modernist art during the so-called process of self-criticism that led art toward the ineluc-

vante dell'arte modernista durante quel cosiddetto processo di autocritica che ha condotto l'arte verso l'ineluttabile sintesi dei propri mezzi, verso la piattezza della superficie. La teoria riecheggia nelle parole, che tanto influenzeranno i fotografi a livello internazionale, del più famoso curatore della fotografia, John Szarkowski, il quale, all'inizio degli anni Sessanta aveva parlato delle potenzialità del *frame* fotografico non più inteso come limite della raffigurazione e della descrizione, ma come un gioco di sponda attivo come nel biliardo.[10]

Complessivamente questo volume si propone come un'opera di assemblaggio: da un lato, le fotografie montate in serie e, dall'altro lato, le parole. Le parole sono collocate sotto le immagini in un ordine frammentato; le frasi appaiono giustapposte, con un'incongruità che sovverte la loro capacità di nominare, di essere didascalia. Il tratto che accomuna immagini e parole non è la costruzione di un significato e di un reciproco rimando sulla pagina, quanto piuttosto il fatto che entrambe fanno riferimento alla poetica del 'prelievo'. Le fotografie prelevano frammenti dal *continuum* spazio-temporale, conferendo a questo un'autonomia di significato nel momento in cui un'immagine si offre al nostro sguardo come un oggetto compiuto, come un particolare che può significare il generale. Le parole e le frasi sono chirurgicamente asportate dall'*ordine dei discorsi* sulle opere infrastrutturali e sul Mose, ma qui ricollocate senza il loro contesto perdono la loro compiutezza e il loro significato originario.

Fra le strategie impiegate ritroviamo i canoni della ripetizione, che si offrono con continuità di temi percepibili al livello della superficie come, ad esempio, l'impiego della griglia. Essa tiene salde in una struttura sia le immagini - in coppie o serie diversamente disposte dall'uso della parallasse –, sia le parole - disposte a intermittenza; e, in questa saldatura, la griglia permette agli elementi di procedere a una vera e propria frammentazione della sintassi generale capace di «tenere assieme le parole e le cose».[11] Come nell'arte concettuale, anche qui la combinazione di segni visivi e verbali diviene un metodo per affermare l'uso arbitrario e relativo di entrambi e rimandare al significato non tanto alle singole parti, quanto piuttosto a una cornice complessiva che esula dalla documentazione.

La tecnica di composizione di questo 'testo' con testi visivi e verbali prevede necessariamente l'impiego di una distanza dalla realtà. È una distanza ottenuta secondo diverse strategie di approssimazione alla realtà e alla rappresentazione, sia essa di carattere fotografico o narrativo. Si presenta come una tecnica di distanziazione: non impiega primi piani o riprese di dettagli avvicinandosi; mantiene una misura di distacco che ci avverte costantemente dei limiti della rappresentazione.

«Che cosa sarebbe la visione senza il movimento degli occhi?»[12]: la parallasse delle immagini montate non può che registrare in ultima istanza il nostro sposta-

table synthesis of its own means, toward the flatness of the surface. The theory re-echoes in the words — which would influence so many international photographers — of John Szarkowski, the most famous curator of photography who, in the early 1960s, spoke about the potential of the photographic frame, no longer in terms of the limit of the representation and description but, as a game that — like billiards — uses the side board.[10]

This volume seems to be a work of assemblage: on the one hand, photographs mounted in series, and on the other, words. The words are placed under the images in a fragmented order; the sentences appear juxtaposed with an incongruity that subverts their capacity to name, to be captions. The trait the images and words share is not so much the construction of meaning and a reciprocal reference on the page as the fact that both refer to the poetics of 'excising.' The photographs lift fragments from the space-time *continuum*, conferring it an autonomous meaning in the moment in which an image offers itself to our gaze as a finished object, as a detail that can signify the general. The words and the sentences are surgically removed from the *order of the discourses* on the infrastructural works and the Mose, but reinstated here without their context losing their completeness and their original meaning.

Among the strategies employed we find the canons of repetition, which are presented through the continuity of themes perceptible at the surface level, such as, for example, the use of the grid. The grid holds both the images, in pairs or series arranged differently by the use of the parallax, and the words, arranged intermittently, firmly in a structure; and, in this weld, it makes it possible for the elements to move toward a real fragmentation of the general syntax capable of "keeping the words and the things together."[11] As in conceptual art, here too the combination of verbal and visual signs becomes a way of affirming the relative and arbitrary use of both and of deferring the meaning not so much to the single parts as to an overall frame that is extraneous to the documentation.

Composing this 'text' through a technique employing visual and verbal texts necessarily foresees taking distance from reality. It is a distance obtained through different strategies of approximation to reality and representation, be it photographic or narrative in character. It is a way of creating distance: it doesn't use close-ups or shots of details that get closer; it keeps a measure of detachment that constantly warns us of the limits of representation.

"What would vision be without eye movement?"[12] In the final instance, the parallax of the images mounted cannot help but register our physical and mental movement, there where the image becomes entangled with experience, in that laboratory of re-elaboration of mental images where distance is the necessary measure

mento fisico e mentale, lì dove l'immagine si aggroviglia con l'esperienza, in quel laboratorio di rielaborazione delle immagini mentali dove la distanza è la misura necessaria per ricollocarle su un terreno che appartiene al mondo sensibile e, al contempo, al mondo lavorato, dove forse esse possono abitare:[13] «keep the distance», ma anche «mind the distance».

for putting them back on a terrain that belongs to the sensible world and, at the same time, the 'elaborated' world, where they can perhaps live:[13] "keep the distance," but "mind the distance" too.

* G. Didi-Huberman (1992), *Il gioco delle evidenze. La dialettica dello sguardo nell'arte contemporanea*, Roma, Fazi Editore, 2008, p. 44.
1 P. Costantini, *Le immagini, dovunque abitano*, in *Venezia-Marghera. Fotografia e trasformazioni nella città contemporanea*, Milano, Charta, 1997, p. 18.
2 G. Zucconi, *La grande Venezia. Una metropoli incompiuta fra Otto e Novecento*, Venezia, Marsilio, 2002.
3 S. Hauser, in *Remixed: Pauhof, Walter Niedermayr, Sigrid Hauser*, Bolzano, AR/GE Kunst, Galerie Museum, 1998, p. 7.
4 A. Picon, *Introduzione,* in M. Bonino, M. Moraglio, *Inventare gli spostamenti. Storia e immagini dell'autostrada Torino-Savona*, Torino, Umberto Allemandi & C., 2006.
5 F. Conrotto, *Tra il sapere e la cura: un itinerario freudiano*, Milano, Franco Angeli, 2000, p. 51.
6 G. Fiorentino, *L'occhio che uccide*, Roma, Meltemi, 2005, p. 55.
7 G. Bateson (1979), *Mente e natura. Un'unità necessaria*. Milano, Adelphi, 1984, p. 57.
8 H. Foster, *The Return of the Real. The Avant-Garde at the End of the Century,* Boston, MIT, 1996, p. xii.
9 C. Greenberg (1961), *Arte e cultura*, Torino, Allemandi, 1991.
10 J. Szarkowski (1966), *L'occhio del fotografo*, Milano, Five Continents, 2007.
11 M. Foucault (1966), *Le parole e le cose. Un'archeologia delle scienze umane*, Milano, Bur, 1967.
12 M. Merleau-Ponty (1964), *L'occhio e lo spirito*, Milano, SE, 1989, p. 17.
13 Sul dubbio di dove possano abitare le immagini rimando a P. Costantini, *Le immagini, dovunque abitano*, cit.

Questo testo è dedicato alla memoria di Paolo Costantini.

* G. Didi-Huberman, *Ce que nous voyons, ce qui nous regarde* (Paris: Edition le Minuit, 1992), p. 51.
1 P. Costantini, *Images, Whenever They May Live*, in *Venezia-Marghera. Fotografia e trasformazioni nella città contemporanea* (Milan: Charta, 1997), p. 19.
2 G. Zucconi, *La grande Venezia. Una metropoli incompiuta fra Otto e Novecento* (Venice: Marsilio, 2002).
3 S. Hauser, in *Remixed: Pauhof, Walter Niedermayr, Sigrid Hauser* (Bolzano: AR/GE Kunst, Galerie Museum, 1998), p. 7.
4 A. Picon, *Introduzione,* in M. Bonino, M. Moraglio, *Inventare gli spostamenti. Storia e immagini dell'autostrada Torino-Savona* (Turin: Umberto Allemandi & C., 2006).
5 F. Conrotto, *Tra il sapere e la cura: un itinerario freudiano* (Milan: Franco Angeli, 2000), p. 51.
6 G. Fiorentino, *L'occhio che uccide* (Rome: Meltemi, 2005), p. 55.
7 G. Bateson (1979), *Mente e natura. Un'unità necessaria* (Milan: Adelphi, 1984), p. 57.
8 H. Foster, *The Return of the Real. The Avant-Garde at the End of the Century* (Boston: The MIT Press, 1996), p. xii.
9 C. Greenberg (1961), *Art and Culture. Critical Essays* (Boston: Beacon Press, 1971).
10 J. Szarkowski (1966), *The Photographer's Eye* (New York: MoMA, 2007).
11 M. Foucault (1966), *The Order of Things: An Archaeology of the Human Sciences* (New York: Vintage Books, 1994).
12 M. Merleau-Ponty (1964), *L'occhio e lo spirito* (Milan: SE, 1989), p. 17.
13 Regarding the doubt as to where images may live see P. Costantini, *Images, Whenever They May Live*, cit.

This paper is dedicated to the memory of Paolo Costantini.

Walter Niedermayr (Bolzano, 1952) ha ottenuto pieno riconoscimento con il libro *Zivile Operationen* (2003) dedicato al paesaggio alpino, nel quale le fotografie, stampate in grandi dimensioni, si presentano con i tratti tipici del suo stile: una grande attenzione ai valori della luce; una caratterizzazione delle fotografie attraverso una desaturazione dei colori e un montaggio in dittici o trittici.
La sua ricerca presenta una continuità di interessi iniziati sin dagli anni Ottanta sul tema del funzionamento dell'immagine e sul tema dello spazio, nella misura in cui questo è in relazione alla nostra percezione ed è spazio abitato e animato dall'essere umano, come nel suo *Raumfolgen 1991-2001* (2001) o nel recente *Recollection* (2010).
Per anni Niedermayr ha condotto un dialogo artistico, basato sulla similarità dell'approccio allo spazio e alla sua percezione, con gli architetti giapponesi Kazuyo Sejima e Ryue Nishizawa del gruppo SANAA, con cui ha pubblicato *Walter Niedermayr/SANAA* (2007).

Walter Niedermayr (Bolzano, 1952) received considerable acclaim for *Zivile Operationen* (2003), a book on the Alpine landscape in which the photographs, printed large-scale, express the typical traits of his style: considerable attention to the values of light; the characterization of the photographs through the de-saturation of color and their mounting in diptychs or triptychs.
His research continues to pursue the interests begun in the early-eighties on the working of images and space, to the extent in which it relates to our perception and to the space inhabited and enlivened by humankind, as in his *Raumfolgen 1991-2001* (2001) or his recent *Recollection* (2010).
Niedermayr has carried on a long artistic dialogue with the Japanese architects Kazuyo Sejima and Ryue Nishizawa of SANAA, based on the similarities of their approach to space and its perception, of which he has published *Walter Niedermayr/SANAA* (2007).

Monografie / Monographs

2011	*Appearances*, ed. by F. Maggia, F. Lazzarini, Milano, Skira.
2010	*Recollections*, Ostfildern, Hatje Cantz.
2009	HG Merz, ˝*Station Z*˝: *Memorial Sachsenhausen*, Ostfildern, Hatje Cantz.
2007	Kazuyo Sejima + Ryue Nishizawa, *SANAA*, ed. by deSingel, Ostfildern, Hatje Cantz.
2006	*TAV: Viadotto Modena*, ed. by W. Guerrieri, T. Serena, Rubiera, Linea di Confine.
2004	*Titlis*, Ostfildern, Hatje Cantz.
2003	*Zivile Operationen*, ed. by Kunsthalle Wien, M. Piffer Damiani, Ostfildern, Hatje Cantz.
2001	*Raumfolgen* 1991-2001, Wien, Edition Eikon.
1998	*Reservate des Augenblicks*, Ostfildern, Hatje Cantz.
1996	*Walter Niedermayr*, ed. by C. Aigner, Wien, Eikon Sonderdruck.
1993	*Die bleichen Berge*, Bolzano, Ar/ge Kunst.

Mostre personali (selezione) / Exhibitions (selected)

2011	Appearances, 2005-2010, Fondazione Cassa di Risparmio, Modena.
2009	Robert Miller Gallery, New York.
	Galerie Nordenhake, Stockholm.
2008	Galleria Suzy Shammah, Milano.
2007	Galerie Nordenhake, Berlin.
	DeSingel. International Arts Centre. Arc en Rêve Centre d'architecture, Antwerpen. Bordeaux, aut. Architektur und Tirol Innsbruck, Accademia di Architettura Mendrisio with SANAA Architects, Tokyo.
2006	Robert Miller Gallery, New York.
2005	Galleria Suzy Shammah, Milano.
2004	Zivile Operationen, Museion, Museum für moderne und zeitgenössische Kunst, Bolzano.
	Galerie Bob van Orsouw, Zürich.
2003	Kunsthalle, Wien, Kunstverein, Hannover.
	Württembergischer Museum der bildenden Künste, Leipzig.
	Galerie Nordenhake, Berlin.
2001	Galerie Nordenhake, Berlin.
	Angles Gallery, Santa Monica.
	Galerie Meyer Kainer, Wien.
2000	Centre pour l'image contemporaine, Genève.
	Koyanagi Gallery, Tokyo.
	Museum Rupertinum, Salzburg.
1999	Gallery Robert Miller, New York.
	Reservate des Augenblicks, Ar/ge Kunst, Bolzano.
	Musée-Chateau d'Annecy, Annecy.
	Angles Gallery, Santa Monica.

1998   Gallery White Cube, London.
        Galerie Anne de Villepoix, Paris.
        Galleria Gio' Marconi, (with M. Ballo Charmet), Milano.
1997   Galerie Nordenhake, Stockholm.
        Parco Casse d'espansione del fiume Secchia (with P. De Pietri), Rubiera,
        Linea di Confine.
1996   Galerie Anne de Villepoix, Paris.
        Neue Gesellschaft für bildende Kunst, Berlin.
        "Pauhof - beobachtet", Galerie im Stifterhaus, Linz.
1995   Phantasma und Phantome, Offenes Kulturhaus, Linz.
1994   Forum Stadtpark (with W. Berger), Graz.
1993   Die bleichen Berge, Ar/ge Kunst, Bolzano.
        Printemps de Cahors, Cahors.

Mostre collettive (selezione) / Group exhibitions (selected)

2011   Alpine Desire, Austrian Cultural Forum New York
        Without Destination, Reykjavik Art Museum
        Blink - Light, Sound and the Moving Image, Denver Art Museum
2010   People Meet In Architecture, 12° Biennale di Architettura, Venezia.
        SANAA World of Architecture + Works of Walter Niedermayr, DAC
        (Dansk Arkitektur Center), København.
2009   Ferne Nähe →Natur in der Kunst der Gegenwart, Kunstmuseum, Bonn
        Before Architecture, After Architecture, Koyama Gallery, Tokyo.
2008   Manifesta 7, Alumix Bolzano, Regions Bolzano - Trento.
        Von Der Weite Des Eises, Albertina, Wien.
        Linz Texas Eine Stadt Mit Beziehungen, Architekturzentrum Wien.
        Art Is For The Spirit, Mori Art Museum, Tokyo.
        A Tribute: 35 Years of The Essl Collection, Klosterneuburg, Wien.
        2007 Foto-Kunst, Museum Essl Klosterneuburg, Wien.
        Japan Und Der Westen, Kunstmuseum, Wolfsburg.
        Atlante Italiano 007, DARC, Roma.
        Life Is Stranger Than Fiction, Albertina, Wien.
        Industrielle Bildwelten, Fo.Ku.S Stadtforum, Innsbruck.
2006   UBS Openings, Tate Modern Bankside, London.
        SANAA / Walter Niedermayr, Architekturmuseum, Basel.
        Out Of The Camera, Kunstverein Bielefelder.
        Peintres De La Vie Moderne, Centre Pompidou, Paris.
        Start@ Hangar, Hangar Bicocca, Milano.
        TAV: Viadotto Modena, Linea di Confine, Rubiera.
        Opening Up Art, Tate Modern Collection with UBS, London.
2005   Berg, ich hasse dich - Berg, ich liebe dich, Museé cantonal des
        beaux-arts, Sion.

        Mulitple Räume (2) Park, Kunsthalle, Baden Baden.
        Nach Rokynik, Die Sammlung Der EVN Mumok, Wien.
        SANAA Kazuyo Sejima + Ryue Nishizawa SANAA, Basilica
        Palladiana di Vicenza.
        Simultan Zwei Sammlungen österreichischer Fotografie, Museum
        der Moderne Salzburg, Mönchsberg.
        Trans Emilia, Fotomuseum Winterthur, Winterthur.
2004   Metamorph, 9° Biennale di Architettura Venezia, Venezia.
2004   Public Record, Museum of Contemporary Art, Los Angeles.
2003   Montagna tra scienza e arte, da Dürer a Warhol, MART, Rovereto.
        Natürlich gebaut. Die Landschaft zwischen Konstruktion und
        Narration, Helmhaus, Zürich.
        Paikan politiikat : Politics of Place, Suomen valokuvataiteen museo,
        Finnish Museum of Photography, Helsinki.
        The Spirit of White, Fondation Beyeler, Galerie Beyeler, Basel.
2002   Der Berg, Heidelberger Kunstverein, Heidelberg.
        Le Bâti et Le Vivant, Le Havre/Luxembourg,
        École d'Art du Havre/Cafe Créme.
        Paysages, 4ᵉ Biennale d'Art contemporain, Enghien-les-Bains.
        The Politics of Place, Bildmuseet Umea, Edsvik Konst och Kultur, Stockholm;
        Finnish Museum of Photography, Helsinki, Västernorrlands Länsmuseum,
        Härnösand.
2001   An Eye for The City, University of New Mexico Art Museum, Albuquerque.
        The Waste Land, Zentrum für zeitgenössische Kunst der
        Österreichischen Galerie Belvedere, Wien.
        Unlimited, Basel.
2000   Anti Memory, Yokohama Museum of Art, Yokohama.
        Places which I never visited, Museum of Contemporary Art, Zagreb.
        Unschärferelation, Kunstmuseum, Heidenheim.
1999   Canadian Center of Architecture/Centre Canadien d'Architecture
        (CCA), Montréal.
1998   1968-1998. Fotografia e arte in Italia, Galleria Civica, Modena.
        Le sentiment de la montagne, Musée de Grenoble, Grenoble.
        Reservate der Sehnsucht, Ehemalige Union Brauerei, Dortmund.
1997   Motivation Landschaft, Museum für Photographie, Braunschweig.
        The 90s: A Family of Man, Casino Luxembourg, Luxembourg.
        Venezia-Marghera. Fotografia e trasformazioni nella città
        contemporanea, 47° Biennale d'Arte, Venezia.

**WALTER NIEDERMAYR
MOSE**

COORDINATORE DEL PROGETTO / PROJECT COORDINATOR
WILLIAM GUERRIERI

LAYOUT FOTOGRAFICO / PHOTOGRAPHIC LAYOUT
WALTER NIEDERMAYR

PUBBLICAZIONE A CURA DI / PUBLICATION EDITED BY
TIZIANA SERENA

COORDINAMENTO REDAZIONALE / EDITORIAL COORDINATION
CRISTINA BUSIN

TRADUZIONI / TRANSLATION
MARLENE KLEIN

SEGRETERIA / SECRETARY
VILMA BULLA

PROGETTO GRAFICO / GRAPHIC DESIGN
STUDIO CAMUFFO, VENEZIA

**PHOTOGRAPHS © WALTER NIEDERMAYR
TEXTS © TIZIANA SERENA**

**© 2011 LINEA DI CONFINE EDITORE, RUBIERA, ITALY
FOR THE ORIGINAL EDITION
© 2011 VERLAG DER BUCHHANDLUNG WALTHER KÖNIG,
KÖLN FOR THIS EDITION
ISBN 978-3-86560-395-1**

Published by
Verlag der Bucchandlung Walther König, Köln
Ehrenstr. 4, 50672 Köln, Germany
Tel. +049 (0) 221 / 2059 6-53
Fax +049 (0) 221 / 2059 6-60
verlag@buchhandlung-walther-koenig.de

Bibliographic information published by the Deutsche Nationalbibliothek.
The Deutsche Nationalbibliothek lists this publications in the Deutsche
Nationalbibliografie; detailed bibliographic data are available in the
Internet at http://dnb.d-nb.de

PRINTED IN ITALY

**LINEA DI CONFINE
PER LA FOTOGRAFIA CONTEMPORANEA**

PRESIDENTE / PRESIDENT
LINO ZANICHELLI

VICE-PRESIDENTE / VICE PRESIDENT
VERA ROMITI

DIRETTORE / DIRECTOR
WILLIAM GUERRIERI

COMITATO SCIENTIFICO / SCIENTIFIC COMMITTEE
**WILLIAM GUERRIERI, GUIDO GUIDI, STEFANO MUNARIN,
BERNARDO SECCHI, TIZIANA SERENA**

CON IL SOSTEGNO DI / WITH THE SUPPORT OF
CONSORZIO VENEZIA NUOVA

SI RINGRAZIA / SPECIAL THANKS TO
**MAGISTRATO ALLE ACQUE DI VENEZIA
PER AVERE CONSENTITO L'ACCESSO AI CANTIERI
NELL'ESTATE 2008** / FOR ACCESS TO THE WORK SITES
IN SUMMER 2008

Si ringrazia inoltre / Special thanks also to
Galerie Nordenhake, Berlin / Stockholm
Galleria Suzy Shammah, Milano
Robert Miller Gallery, New York
Patrick Tommasini e Serena Osti

CON IL PATROCINIO DI / WITH THE PATRONAGE OF
FONDAZIONE BEVILACQUA LA MASA, VENEZIA

TITOLI OPERE / LIST OF WORKS

05 Mose 72/2008, Sant'Erasmo
07 Mose 33/2008, Sant'Erasmo
09 Mose 21/2008, La Certosa
11 Mose 25/2008, Lido
13 Mose 10/2008, Lido
15 Mose 55/2008, Porto di Chioggia, Sottomarina
17 Mose 26/2008, Bocca di porto di Chioggia, Sottomarina
19 Mose 05/2008, Bocca di porto di Chioggia
21 Mose 03/2008, Bocca di porto di Lido, Treporti-Cavallino
23 Mose 58/2008, Lido, San Nicolò
25 Mose 32/2008, Litorale San Erasmo
27 Mose 53/2008, Pellestrina, Porto di Malamocco
29 Mose 45/2008, Litorale Lido
31 Mose 28/2008, Bocca di porto di Lido, San Nicolò
33 Mose 39/2008, Litorale Pellestrina
35 Mose 12/2008, Lido, Alberoni
37 Mose 62/2008, Bocca di porto di Lido, Treporti-Cavallino
39 Mose 01/2008, Bocca di porto di Lido, Treporti-Cavallino
41 Mose 51/2008, Bocca di porto di Lido, Treporti-Cavallino
43 Mose 41/2008, Porto di Chioggia, litorale Sottomarina
45 Mose 48/2008, Porto di Chioggia, litorale Sottomarina
49 Mose 66/2008, Bocca di porto di Malamocco, Pellestrina
53 Mose 60/2008, Bocca di porto di Chioggia, Cà Roman
57 Mose 67/2008, Bocca di porto di Malamocco, Pellestrina
65 Mose 69/2008, Bocca di porto di Chioggia, Cà Roman Pellestrina

Copertina / **Cover**: Mose 02/2008, Bocca di porto di Chioggia